岭南广告学派丛书

U0653641

岭南新媒体说
数字营销传播思想荟萃

主　编　杨先顺

执行主编　阳　翼

暨南大学出版社

JINAN UNIVERSITY PRESS

中国·广州

本书编委会

总 指 导　陈钿隆　庞玉娟

主　　编　杨先顺

执行主编　阳　翼

编　　委（按姓氏音序排列）

陈钿隆　陈志波　李　宁

庞玉娟　唐乃革　王　刚

星　亮　杨先顺　阳　翼

朱海松

总序： 时代孕育梦想，责任催生行动

　　创建岭南广告学派，这是一位德高望重的广告传奇人物的梦想，也是几代广东广告人的共同期待，更是岭南广告学者的责任与使命！

　　2015年3月6日傍晚，一个令人震惊的消息在微信朋友圈迅速传开，人们将信将疑，但最后不得不面对这一残酷的现实：被尊为"中国广告界教父"的广东黑马广告有限公司董事长张小平先生（即黑马大叔）与世长辞。"跨界奇人，如今真臻化境；脱缰黑马，从此任性天堂。"（《羊城晚报》标题）时过两年多，黑马大叔的音容笑貌依然历历在目，谆谆嘱托依然在我们耳边回响。在去世前的几年，他曾在多种场合提出创建岭南广告学派。在2014年召开的第二届数字营销传播研究与应用国际研讨会暨暨南大学广告专业创办二十周年庆典大会上，他特别强调广东广告学界应大胆创立"岭南广告学派"，形成自己的研究特色。为完成黑马大叔的生前愿望，秉承其敬爱专业、热心公益的"黑马精神"，广州市广告行业协会学术委员会常务委员会议决定，整合广州各高校广告学研究的力量，出版"岭南广告学派丛书"。

　　众所周知，在中华文化的璀璨星空中，岭南文化独放异彩，熠熠生辉。岭南文化具有独特的精神气质：开放包容、敢为人先、求真务实等。其中岭南画派更以其独树一帜的画法成为中国美术史上的瑰丽宝石，被誉为"中国传统国画中的革命派"。在岭南文化的浸润之下，改革开放后的广东广告业也呈现出勃勃生机，一度成为中国广告界的排头兵和生力军，创造了当代中国广告史上的诸多奇迹：在国内最早导入CI理论与实务，报纸广告量曾居全国之首，全国最早创办大型日报的广告版，各类广告大奖的获奖数量与质量在国内名列前茅，中国广告第一股（省广股份）成功上市，国内第一家本土4A协会（广州市广告协会综合性广告代理公司委员会）在羊城诞生等。随着数字化时代的来临，广东广告界加快了数字化转型的步伐，一些数字营销公司正在迅速成长，蔚为壮观。

　　在广告学界，1985年暨南大学傅汉章教授等冒着被某些人士批判的风险，出版《广告学》一书，在全国产生了广泛影响。20世纪90年代，中山大学市场营销学专家卢泰宏教授等出版《广告创意100》，一度成为炙手可热的畅销书。1997年暨南大学传播学专家吴文虎教授出版《广告的符号世界》，这是国内首次运用符号学理论研究广告的专著。近年来广东广告学者紧跟信息革命的潮流，开始进行将研究领域转向数字化时代广告的转型、变革与升级。在这一过程中，一批颇有影响力的著作涌现出来，如华南理工大学段淳林教授的《整合品牌传播：从IMC到IBC理论建构》、深圳大学吴予敏教授的《广告学研究专题导引》、暨南大学星亮教授的《演进与诠释：营销传播学理论演进研究》、阳翼教授的《数字营销》、谷虹副教授的《品牌智能：数字营销传播的核心理念与实战指南》等。广东各相关高校的广告教育也各具特色、精彩纷呈。1989年深圳大学在广东率先创建广告学本科专业，在教学上倡导"从作业到作品、从作品到产品"的实战理念，教学成果丰硕。2011年暨南大学成功申报新闻传播学一级学科博士点，在华南地区首设广告学专业博士点，在本、硕、博的人才培养制度上侧重于数字营销传播的实践和研究，曾培养出戛纳国际创意节（原名"戛纳国际广告节"）金奖和银奖得主。华南理工大学广告学专业则侧重品牌传播方向，注重产学研结合和文理交融，其毕业生颇受大型企业的欢迎。中山大学在媒体创意、新媒体传播和公共关系的教学上具有强劲的实力，逐步形成"以通识教育为基础、以创意教育为中心、以实践教学为重点"的教学特色。广州美术学院依托国家广告产业园，将校外著名企业引进校园，探索出人才培养的新路径。广东轻工职业技术学院近年来异军突起，被列入国家示范性高职院校建设单位，其学生在各类广告赛事中屡获大奖，形成了著名的"广轻现象"。此外，广州大学广告学专业围绕"培养新媒体广告人才"这一定位，在本科生和硕士研究生教学上推出新媒体广告人才的"1+2+3"校企协同培育模式，推进广东省教学质量工程——卓越广告人才培养计划的实施，注重与广州企业的产学研合作，服务本地经济；广东外语外贸大学借助外语优势培养国际化广告人才；华南农业大学的黑天工作室形成了独特的教学模式，取得了可观的成果；广东财经大学广告学专业则以经济学科为依托，培养广告策划、设计与经营管理人才等。

总之，广东广告业界的实践探索和广告学界的研究与教学为岭南广告学派的建立奠定了良好的基础。

岭南广告学派旨在弘扬岭南文化的精神气质，在广告研究领域努力形成自己的特色，追逐岭南广告人的学术梦想。岭南广告学派至少应具备如下三个特点：

首先是前沿性。岭南地处改革开放的前沿阵地，历代变革之思想与改革之行动大都源于广东，所以在广告学术研究上亦应如此。面对经济的转型、媒体的剧变和市场的跌宕，中国广告的未来将走向何方？对此，岭南广告学派必须有与时俱进、新颖独到、高瞻远瞩的理论回应。

其次是务实性。求真务实，不慕虚名，不从理论到理论，不从概念到概念，这是岭南文化的优良传统，理应成为岭南广告学派又一重要的价值取向。目前，国内有关广告学的研究主要有四种范式：一是从广告实务中归纳总结广告运作的原理和工具，因其大都是广告从业者对经验的凝练和提升，此可谓经验式的研究；二是运用经济学、社会学、心理学和传播学的研究方法，对广告学的各类微观问题进行深入细致的定量研究，提出改进和优化现有广告的建议，此可谓实证式的研究；三是以开阔的视野、敏锐的洞察、充分的理据，从宏观上总结广告演进和发展的趋势，此可谓引领式的研究；四是从文化批判的角度反思广告的负面效应及其根源，并对广告如何健康、有序和规范地发展提出建言，此可谓批判式的研究。无论哪一种范式，其研究终归都是为广告实践提供实实在在的指导和帮助。

最后是跨界性。这是岭南文化的开放包容性对岭南广告研究的一种应然要求。黑马大叔本人就被誉为"跨界艺术家"，他活跃于广告界、艺术界和慈善界，成绩斐然。2008 年蓝色创意集团编写的《跨界》一书出版，该书认为"跨界不只是一种行为，更是一种思维方式"。岭南广告学派的跨界性表现在：营销与传播的融合、人文和技术的对接、数据分析和创意设计的联姻、业界与学界的互动、本土和国际的交融、艺术和科学的协同等。

鉴于广东各高校在广告学研究方面的不同特色，"岭南广告学派丛书"中的著作既要有统一的学术追求，又需有不同的研究旨趣，因此本丛书将从不同的研究系列展开，如数字营销传播研究系列、品牌传播研究系列、广告文化研究系列、设计创意研究系列、应用执行研究系列等方面。

黑马大叔曾说："活着，能做点事，幸甚！活着，能为人做点事，缘分！活着，能为人类做点事，本分！"让我们以此共勉，共同追随黑马大叔的梦想，共同担当时代的重任，共同见证岭南广告学派的荣耀！

杨先顺
2017 年 9 月于暨南园

总序：时代孕育梦想，责任催生行动

序： 移动互联网时代的 "新媒体说"

移动互联网的迅猛发展，既改变了人们的生活方式，也重构了营销传播生态。今天，中国广告业又一次走到了历史的十字路口。未来广告行业将走向何方？我们又将如何引导年青一代的从业者？

"岭南新媒体说"正是在这样的背景下应运而生。这是由广东省广告协会新媒体专业委员会打造的一档全面聚焦新媒体发展及教育领域的最新趋势的新媒体直播节目。该节目自 2016 年上线以来，紧扣行业热点，充分把握大数据和新媒体领域的发展前沿，就品牌智能、场景营销、大数据、人工智能、AR、VR 等各类话题抽丝剥茧，进行深入探讨，取得了强烈的行业反响，赢得了社会各界的一致好评。政府部门、学界专家、业界精英等众多重量级嘉宾，纷纷为行业的发展建言献策，为移动新媒体的生态建设贡献力量。

将"岭南新媒体说"节目的部分内容整理成册，不仅仅是为了总结成绩，更是希望通过这种系统化的梳理，为广大从业者拨云见雾，破解移动互联网时代的新媒体营销之道，发出中国广告业的"岭南看法"，为行业培育更多的创新动能。

广东乃至岭南地区有着创新发展的天然基因，以广东省广告协会为代表的行业组织，正在持续践行"敢为人先"的创新精神，积极探索、创新求变，不断创新思维理念和服务模式，服务行业，回报社会。未来，协会还将全面发挥自身的平台优势，特别是丰富的学术和人才资源，为中国乃至全球广告产业的发展贡献更多的营销智慧和"岭南方案"！

广东省广告协会会长　陈钿隆

2017 年 9 月

目　录

第一部分 规范之剑：法律与伦理

广告法律法规解读： 互联网广告活动之法律法规

林　阳*

随着市场经济和新媒体技术的发展，商业活动已经进入我们生活的每个领域，广告基本上已经无处不在，所以从国家的层面上颁布并且实施了一系列的行政管理的法律法规来规范我们的广告活动，维护消费者的合法权益，维护公平竞争的广告市场秩序。从现行法规来看，有《中华人民共和国广告法》《互联网广告管理暂行办法》《消费者权益保护法》《食品安全法》《药品管理法》等，除此之外国家还对医疗服务、药品、保健食品、医疗器械、房地产、语言文学、农药等特定商品和服务作出了专门的法律规定。这些法律和规章对广告活动从整体上形成了一个行政规范管理体系。

在新媒体和技术不断发展的今天，我们每个人都有可能成为广告活动的参与者、广告活动的主体，所以我们至少需要了解以下四点：①我们每天在网上发布的信息是否带有广告宣传的性质；②如果是广告宣传，按照法律规定，我们是哪种法律关系主体；③在这种法律关系主体下，我们应该履行的义务有哪些；④我们需要承担的法律责任有哪些？

一、我们每天在网上发布的信息是否带有广告宣传的性质

随着社会的发展和技术的进步，我们经历了传统广告时代、互联网广告时代，再到现在的移动互联网时代，在这个过程中受众的角色也在不断地发生变化，从单纯地接受广告到成为广告活动的参与者。在广告活动的参与过程中，就需要把握好法律的尺度。互联网上充斥着大量的信息和广告，如何区分信息和广告是值得参与者思考的问题。从法律的角度来看，《中华人民共和国广告法》（以下简称《广告法》）第二条规定了商业广告的标准：商品经营者或服务提供者通过一定媒介和形式直接或间接地介绍自己所推销的产品或者服务的商业广告活动。网站（门户网站、电子商业广告、搜索引擎、社交媒体）、网页、应用程序（电脑应用程序、手机应用程序）都可能成为互联网广告的媒介。在电子商务领域中，由于消费者无法真正触及网店的产品，网店店家会进

* 林阳，广东省工商行政管理局广告处原处长，2016 年 12 月 27 日在京会议期间突然辞世。谨发此文表达对林阳同志的深切缅怀。

行大量宣传，而法律对这种商品展示和广告进行了明显区分。法律规定，在网络商品（服务）销售中，向受众展示商品（服务）名称、产品、成分、价格等信息以及图片属于标识范畴，除上诉法定之外的，推销商品或者服务的信息都属于商业广告的范畴。商品的种类繁多，不同的商品有不同的标准，以《化妆品标识管理规定》为例，化妆品名称、实际生产加工、生产者的名称和地址、生产日期和保质期或者生产批号和限期使用日期、净含量、全成分表、企业所执行的国家标准、行业标准或者已经备案的企业标准号、生产许可证标志和编号等都是属于标识的范畴。以《预包装食品标签通则》为例，食品名称，配料表，净含量和规格，生产者、经销者的名称、地址和联系方式，日期标示，贮存条件，生产许可证编号，产品标准代号等属于标识的范畴，其他如产品所获荣誉、功效性等信息则属于商业广告范畴。

随着互联网的发展，我们每天都会利用手机、电脑进行相关信息和资料的查找，在这个过程中就涉及搜索引擎广告。在搜索服务中推销商品或者服务的付费搜索广告，也称为"关键词广告"。一般信息的搜索会出现两种结果：一种是自然搜索结果，运营商根据点击量高低排名，这种搜索情况下既会出现信息，也可能会出现广告；另一种是竞价排名，价高者得。以推销商品或者服务的付费搜索商业广告不同于自然搜索的信息服务。不是所有可以链接到广告的搜索结果都是付费搜索广告，用户输入关键词通过自然搜索到结果，即使是互联网广告，也不属于付费搜索广告。另外，《互联网广告管理暂行办法》（以下简称《互联网暂行办法》）中明确规定，互联网发布广告要具有可识别性，付费搜索广告应该与自然搜索广告结果明显区分。通过大众传播媒介发布的广告要显著标明"广告"，与非广告信息明显区分，避免消费者混淆。

二、如果是广告宣传，按照法律规定，我们是哪种法律关系主体

传统意义上的广告活动参与者包括：广告主（指为推销商品或者服务，自行或者委托他人设计、制作、发布广告的自然人、法人或者其他组织）、广告经营者（指接受委托提供广告设计、制作，代理服务的自然人、法人或者其他组织）、广告发布者（指为广告主或者广告主委托的广告经营者发布广告的自然人、法人或者其他组织）。

2015年新修订的《广告法》中增加了广告代言人（指广告主以外的，在广告中以自己的名义或者形象对商品、服务作推荐、证明的自然人、法人或者其他组织）、公共场所管理者（指对公众从事社会生活的各种场所负有管理责

第一部分　规范之剑：法律与伦理

任的自然人、法人或者其他组织)、电信业务经营者(指获得国家批准的经营基础电信业务、增值电信业务的公司)。

随着互联网的出现和发展,国家工商总局的《互联网暂行办法》中定义了具有互联网特性的广告法律关系主体,包括互联网信息服务提供者(指未参与互联网广告经营活动,仅为互联网广告提供服务的平台)、广告需求方平台(指整合广告主需求,为广告主提供发布服务的广告主服务平台)、媒介方平台(指整合媒介方资源,为媒介所有者和管理者提供程序化的广告分配和筛选的媒介服务平台)、广告信息交换平台(指提供数据交换、分析匹配、交易结算的数据平台)。其中,广告需求方平台、媒介方平台、广告信息交换平台与现在的程序化购买直接相关。

综上所述,在互联网上,一共有十种法律关系主体:广告主、广告经营者、广告发布者、广告代言人、公共场所管理者、电信业务经营者、互联网信息服务提供者、广告需求方平台、媒介方平台、广告信息交换平台。

三、在这种法律关系主体下,我们应该履行的义务有哪些

第一,国家对于所有的法律关系主体都明确了应该遵守的规则。所有法律关系主体都要遵守法律法规、诚实信用、公平竞争的原则,具体包括:

(1)法律规定了广告主的首要责任:要对广告内容的真实性负责;

(2)广告经营者、广告发布者应当履行法定的审查义务;

(3)广告代言人为其使用过的商品或者接受过的服务作推荐、证明,不得代言法律法规禁止代言的商品或者服务;

(4)互联网信息服务提供者、公共场所管理者、电信业务经营者应对明知或者应知的广告违法活动予以制止;

(5)广告需求方平台经营者、媒介方平台经营者、广告信息交换平台经营者以及媒介方平台成员,应该履行法定的审查义务。

各法律关系主体在进行广告活动时,除了应该重点关注《广告法》《互联网暂行办法》之外,也应该关注涉及广告活动的其他法律法规。如《中华人民共和国药品管理法》要求非药品广告不得有涉及药品的宣传;《中华人民共和国食品安全法》规定食品广告不得涉及疾病预防、治疗功能;《城市开发房地产经营管理条例》中规定房地产开发企业不得进行虚假广告宣传,商品房预售广告中应当载明商品房预售许可证明的文号。

第二,针对互联网广告,法律规定禁止在互联网广告活动中的不正当竞争行为,包括提供或者利用应用程序、硬件等对他人正当经营的广告采取拦截、

过滤、覆盖、快进等限制性措施；利用网络通路、网络设备、应用程序等破坏正常广告的数据传输，篡改或者遮挡他人正当经营的广告，擅自加载广告等；利用虚假的统计数据、传输效果或者互联网媒介价值，诱导错误报价，谋取不正当利益或者损害他人利益；贬低、诋毁竞争对手等。

第三，区别广告创意和虚假广告。法律鼓励广告创意的发挥、艺术渲染，但是不能误导消费者。法律对于虚假广告构成要件进行了明确规定：商品或者服务不存在；广告中涉及的信息与实际情况不符，对购买行为有实质性影响；虚构证明材料或者使用效果等误导消费者。

第四，广告内容真实性与绝对化用语。绝对化用语有损害同行竞争者利益的可能性，我们要根据广告内容、具体语境综合判定是否属于禁止使用的绝对化用语，并不是所有带有"最"字的广告用语都是绝对化用语。绝对化用语是指利用"最高级""最佳"及意思相同的用语，且指向经营者所推销的商品或者所提供的服务的商业广告用语。

第五，关于消费者合法权益的保护。《广告法》的立法宗旨是保护消费者的合法权益，预防侵害消费者知情权、公平交易权的行为。《消费者权益保护法》中明确规定了经营者以广告、产品说明、实物样品或者其他方式表明商品或者服务的质量状况的，应当保证其产品或者服务的实际质量与表明的质量状况相符。

第六，关于公布收费标准和收费办法。广告经营者和广告发布者应该按照《广告法》公布收费标准和收费办法；未公布者，价格主管部门责令改正，可处以5万元以下罚款。

第七，广告发布前的审查义务。包括：查验各类广告证明文件的真实性、合法性、有效性，对证明文件不全的，要求补充证明文件；审核广告内容是否真实、合法，是否符合社会主义精神文明建设的要求；检查广告表现形式和使用的语言文字是否符合有关规定；审查广告的整体效果，确认其不致引起消费者的误解。

第八，协助、配合工商行政管理部门的调查取证。工商行政管理部门与广告活动主体之间的关系属于行政管理法律关系。法律赋予工商行政管理部门履行职责时，可以行使检查权和询问权、要求限期提供有关证明材料、查阅和复制有关材料资格、查封扣押、责令暂停发布广告等。

四、我们需要承担的法律责任有哪些

虚假违法广告的当事人，应当承担相应的行政、民事、刑事法律责任。不同的广告违法行为性质，应当承担不同的法律责任。

1. 行政法律责任

（1）构成虚假广告的，广告主应该承担相应的行政法律责任；

（2）广告经营者、广告发布者明知或者应知广告虚假仍设计、制作、代理、发布的，应当承担相应的行政法律责任；

（3）广告代言人明知或者应知广告虚假仍为其代言的，应当承担相应的法律责任。

2. 民事法律责任

（1）构成虚假广告的，造成消费者合法权益受到损害的，广告主依法承担民事法律责任；

（2）广告经营者、广告发布者、广告代言人明知或者应知情形的，与广告主承担连带责任；关系到消费者生命健康的商品或者服务的，实行无过错而承担连带的民事法律责任。

3. 刑事法律责任

以下是对虚假广告进行刑事追诉的条件：

（1）违法所得数额在 10 万元以上的；

（2）给单个消费者造成直接经济损失数额在 5 万元以上的，或者给多个消费者造成直接经济损失数额累计在 20 万元以上的；

（3）假借预防、控制突发事件的名义，利用广告作虚假宣传，致使多人上当受骗，违法所得数额在 3 万元以上的；

（4）虽未达到上述数额标准，但两年内因利用广告作虚假宣传，受过行政处罚二次以上，又利用广告作虚假宣传的；

（5）造成人身伤残的；

（6）其他情节严重的情形。

国家相关法律法规的完善和健全是为了促进广告业的健康发展，而不是抑制广告活动。只有保护了消费者的合法权益，才能更好地维护社会秩序！

依法广告，成功之道

温　旭[*]

　　线上及线下的观众朋友们下午好，今天我演讲的题目是"依法广告，成功之道"。大家都知道王老吉与加多宝之间的诉争，在媒体上已经有将近2 000篇文章的报道，据我了解，也有四五本书是关于加多宝与王老吉之间的诉争的。下面要谈的，主要是结合最新实施的《中华人民共和国广告法》（以下简称《广告法》），谈谈双方在广告方面的纷争。

一、怕上火，你喝谁的凉茶

　　第一个问题，怕上火，你喝谁的凉茶？在座的各位，可能你说喝王老吉的，他说喝加多宝的，那么究竟应该喝谁的凉茶，法律有法律的说法，老百姓有老百姓的说法，各方争论不休。究竟应当喝哪家的凉茶，有时候应当根据客观事实，而不应当完全被广告左右。

　　让我们看看这两句广告语。"怕上火喝王老吉"，这是加多宝在经营王老吉17年间最为经典的一句广告语，也可以说，这句广告语在饮料界乃至全中国所有的广告中，可谓家喻户晓，人人皆知。可是当王老吉与加多宝之间开始出现纷争之后，加多宝将这句广告语进行修改，变为"怕上火更多人喝加多宝"。广告面世，王老吉一方着急了，怎么我说"怕上火喝王老吉"，你说"怕上火更多人喝加多宝"。为了应对，王老吉也改变了这句广告语，大家可以发现，现在王老吉的广告语已经变成"怕上火就喝王老吉"。

　　就在双方争论不休时，加多宝一纸诉状，将广药集团及王老吉大健康公司告上法庭。加多宝没有选择广州的法院，也没有选择东莞的法院，它选择了一个它认为客观的第三地法院——重庆。为什么选择重庆呢？众所周知，重庆是麻辣之都，火锅烧烤流行，一上火就会喝凉茶。之所以选择重庆，一是选择异地的法院，二是这是火锅之城，加多宝希望在重庆限制王老吉使用这句广告语，从而限制王老吉在全国范围内的使用。当然，王老吉也是十分重视这场官司的，怕上火究竟应该喝王老吉还是加多宝，如果官司输了，王老吉将不再能

---

　　* 温旭，三环知识产权（集团）总裁、中国人民大学律师学院客座教授。

够继续使用这句广告语，"怕上火喝××"这句家喻户晓的广告语就会归属加多宝。要知道，对广药集团及王老吉大健康公司而言，有三件最为重要的东西：一是估值1 080亿元的"王老吉"品牌，二是红色罐装的包装，三是这句家喻户晓的广告语。加多宝这厢大肆宣传"王老吉改名加多宝"，那厢起诉希望禁止王老吉使用"怕上火喝王老吉"广告语，对王老吉的伤害可谓不小。

在这插一句题外话，作为消费者的你们，会选择加多宝还是王老吉呢？我作为王老吉的代理律师，不左右你们的选择，就提供几个客观的事实。据我了解，2015年王老吉包揽了六个指标的第一，分别是：品牌形象、感知质量、感知价值、满意度、消费信心、忠诚度。这是根据中国质量协会的一个报告所得出的。关键的是第二点，影响凉茶清热降火效果的是黄酮的含量，国家标准是每100mL凉茶中黄酮的含量为5mg，王老吉超过了这个标准，另一个品牌只有3mg。对于广药集团而言，其生产凉茶的工艺基本是按照其制药的工艺进行的，每10万罐里只允许出现1罐质量不佳，一般的饮料标准是1/1 000，而王老吉的标准更高。究竟应当选择哪个品牌，还是应该看看客观数据的。

回归主题，加多宝起诉到重庆法院的理由，一是这句广告语由其创造，二是这句广告语使用了17年，在其离开时也应当带着这句广告语离开。法院经过审理认为，在当时"怕上火喝"直接联系的是"王老吉"，由于这种特定的情况，最终判定这句广告语应该归属于王老吉一方，驳回加多宝全部诉讼请求。加多宝是在重庆中级人民法院提起的诉讼。加多宝认为虽然无法阻止王老吉一方使用此广告语，但其自身还是能够使用这句广告语的。然而没想到，王老吉在广州中级人民法院就该广告语起诉了加多宝。虽然不是同一个法院，但通俗上说这也算是反诉，起诉"怕上火喝加多宝、怕上火更多人喝加多宝"这句广告语，一审判决加多宝一方败诉，判赔500万元人民币。在这里有两个小插曲。为什么会判赔500万元，依据是加多宝在重庆的案件中索赔1 000万元，而我们现在只要求500万元，法院参考之前加多宝的诉求后认为合理。在案件审理过程中，最大的争议焦点在于，"怕上火"本身没有显著性，是功能描述，法官对于其显著性是存疑的，但王老吉及加多宝双方都认为，这句话经过长期的使用，已经具有了后天的显著性。我认为，如果"怕上火喝"是唯一的表达方式，则不能被一家企业垄断，而事实上还是存在其他多种的表达方式。最终，广州中级人民法院一审和重庆中级人民法院一审还是认为这句话具有显著性。重庆高级人民法院的判决虽然维持重庆中级人民法院的判决，但就这一点有不同的看法。广州这边的二审诉讼已经开过庭了。这个问题也是法官关注的焦点问题，至于最终会如何判决，我们拭目以待。

二、改名与否的问题

第二个问题，是改名与否的问题。"改名案"可以说是王老吉与加多宝系列诉讼的经典案子。这个案子是分水岭，也是王老吉第一个胜诉的案子。2012年5月9日仲裁结果出来后，王老吉与加多宝分家，加多宝只能生产自己品牌的凉茶，而在仲裁结果出来之前，加多宝推出了一边打着王老吉牌子，一边打着加多宝牌子的凉茶，当仲裁结果已出，加多宝马上推出只有加多宝牌子的凉茶，一夜之间全中国只剩下"加多宝凉茶"，而不见"王老吉凉茶"。紧接着，加多宝在市面上推出第一句广告语"王老吉改名加多宝"，王老吉集团马上向工商局提出投诉，加多宝马上收敛，但紧接着又推出了第二句广告语"全国销量领先的红罐凉茶改名加多宝"，王老吉方面又马上采取行动，将这句广告语告上法庭。紧接着加多宝再次修改广告语，改为"加多宝生产的红罐凉茶改名加多宝"。大家可以判断一下这几句广告语哪一句侵权。第一句是虚假宣传，肯定侵权。接着的红罐凉茶改名，指的就是王老吉，这也算侵权。第三句呢？这句广告语较为隐蔽，我个人认为还是存在侵权问题的，问题就在于"改名"二字，这两个字蕴含了王老吉不存在的含义，这是不真实的。随后第四句"加多宝生产的红罐凉茶，不再使用过去17年沿用的商标，现更换为加多宝凉茶"，我个人认为这句广告语就较为符合客观事实，不属于虚假宣传。

在任何时候的广告语宣传，都应当注意要避免虚假宣传。要注意在任何时候都不能够损害他人的商誉，不能够贬低他人，不能够以虚假的事实来抬高自己，这点非常重要。

在"改名案"的诉讼中，最为经典的是广州中级人民法院颁布的诉前禁令，禁止加多宝使用相关广告语。诉前禁令是在审理之前颁布的。它要符合两个条件：一是侵权事实比较明确，二是所造成的损失无法用价钱弥补。当你去餐馆点王老吉，端上来是加多宝，当你和服务员说不对，我要的是王老吉时，他一定会告诉你，王老吉改名加多宝了，我们只有加多宝，加多宝就是王老吉。在这种情况下，王老吉一方如果没有及时生产出产品，没有及时抗辩，很快就会被加多宝这种虚假的宣传影响，被判"死刑"。如果在广大消费者心目中都认为王老吉改名加多宝了，所有的心智资源都被加多宝占领了，再要改变的话，所付出的代价就会很巨大，此时估价1 080亿元的商标可能连十个亿元、八个亿元都不值了。

但是广药集团一开始的诉讼策略不是很周到，其将所有诉求打包到广东省高级人民法院，在红罐之争中又提到了改名问题。众所周知，红罐之争相当复

第
一
部
分
　
规
范
之
剑
：
法
律
与
伦
理

杂，最高人民法院已多次开庭至今未判，将"改名"这个诉求放在其中，加多宝是求之不得的。把多个诉求放在一个案子中，被告可以提出管辖异议、拒不签收等。最早的一个起诉是2012年7月份的，拖了几年还未判，如果不是拖了这么久都没有判决，王老吉不会有今天突破200亿元的销售额。就在这个关键时刻，广药集团接受了律师的建议，将"改名"这个诉求剥离出来，单独在广州中级人民法院提起诉讼，并申请诉中禁令。双方对此争议很大，因为当时只有在专利纠纷中才有类似判决，从未在不正当竞争中出现过。所幸2013年1月1日，新的民事诉讼法出台，明确规定了对这一类行为都可以采用诉中禁令。因此，广州中级人民法院在过年前几天颁布了禁令，结果是过年期间，王老吉的凉茶供不应求，所有的员工都被召集加班生产。这就表明，一个诉讼带来的市场影响是非常明显的，如果拖到今天，三四年后还没有判决，王老吉就不会是今天的王老吉。

"正宗凉茶王老吉从未更名"，这句广告语是我特地为王老吉写的，我建议在其所有的广告中都加上这句话，而且在发票，特别是合同中也标明。该广告语用于说明王老吉从未更名。这样做是为后续索赔做准备，索赔需要有依据，这些广告就是索赔的依据。为了消除影响支付了一亿元的广告费用，最终索赔1 000万元是合理的，最终得到法院完全支持，这在历史上也是少有的。

当我们将加多宝的改名广告用禁令禁止之后，加多宝的广告策划开始发生变化。不得不称赞，加多宝的广告策划反应是非常迅速的，2013年3月底至4月初，市面上马上出现了"每买10罐，谁占7罐"的广告语，相信各位对这句经典的广告语都有印象。"中国每卖10罐凉茶，7罐加多宝"，在这张海报右下角有一行非常不起眼的小字标明了数据来源：中国行业企业信息发布中心，2012年前三季度中国饮料行业运营分析报告。这行字非常小，几乎看不见，但也十分巧妙地说明了数据是有客观来源的。广药集团在起诉加多宝时往往是十分谨慎的，需要法务讨论、律师讨论、再报上级决策，反应较慢，但对该广告语的反应是十分迅速的，5月份就起诉到了法院。这句广告语言下之意是：中国每卖10罐凉茶就有7罐是加多宝，谁是凉茶大王显然易见。王老吉坐不住了，同时在重庆、广州、长沙三地提起诉讼。为何在三地发动诉讼？这是由于王老吉吸取了之前的教训。之前，如果在广州起诉，加多宝会推脱说是武汉加多宝的行为；如果在北京起诉，加多宝又会推脱说是上海加多宝的行为。在这次诉讼中，法院要求加多宝提供证据，证明加多宝不是相关行为人。加多宝提供其企业内部出具的证明书。法官认为企业内部的公章控制在企业管理者手中，其公信力不强，要求提供广告发票，看是何者支付广告费用，以及何者为签订合同的主体，但加多宝方迟迟不提交相关证据。

在这个案子中最关键的一点是报告中的一句话：加多宝所占的比例为7成。但其后有一句话，说明这个比例是加多宝生产的所有产品所占的比重，而不是加多宝生产的凉茶。法院最后也认定这句话是一句虚假广告。2012年报告反映的是2011年的销售状况，2011年上半年加多宝生产的仍是王老吉凉茶，第三季度市面上销售的大多还是王老吉凉茶，何来加多宝？最终广州中级人民法院依法判加多宝赔偿1 000万元，重庆法院判赔60多万元，长沙法院判赔200多万元。

"十罐七罐"被法院认定为虚假宣传，加多宝见大事不妙，马上更改广告语，改为"加多宝连续七年蝉联第一""七连冠""连续七年第一"。这起案子是在所有案子中审结最快的，北京中级人民法院一审判赔300万元，二审依旧认定侵权，加多宝不服从判决结果，提起再审申请，不久再审申请也下来了，前后不过一年的时间，加多宝不能够做这样的广告宣传。大家想想，这句广告语是不是有问题？加多宝自己生产加多宝凉茶不过两年时间，又何谈"七年第一"？在最高人民法院的判决中，我留意到这样一句话，大意是不要浪费纳税人资源，就是说这样的广告语是铁板钉钉构成虚假宣传的。

加多宝的反应十分迅速，马上又推出了"加多宝凉茶全国销量遥遥领先"，不提七年也不提第一。但这句话也有问题，大家想想，"遥遥领先"就是指拉下对手一大截，如果在统计学概念上至少是10%～20%领先对手才算遥遥领先。现在王老吉及加多宝两家销量双双突破200亿元，大家的数据相差不远，此时说"遥遥领先"也不妥。

我们说依法广告是十分重要的，王老吉与加多宝的诉争，广药集团胜在采用法律手段来维护自身的利益，加多宝这十几句广告语败诉，肯定会对其企业运营、市场占有等造成影响。成也广告，败也广告。

"非遗代表，谁是正宗"——国家级非物质文化遗产的代表凉茶，是由近50家凉茶企业集体申请的。在其中，谁能够代表这一非物质文化遗产？是一家企业还是所有企业都能代表？对此，加多宝宣传策划部门的反应紧贴市场的热点及需求，虽然有些广告语存在虚假宣传的风险，但反应极其迅速。加多宝马上在其产品上打出了"加多宝获准为国家级非物质文化遗产代表作"。这句话言下之意是：有多个非物质文化遗产，我为其中的代表。当时申报"非遗"时，加多宝并不是自己提出的，而是香港王老吉提出的。这要回归到王老吉的发展历史，王泽邦创办王老吉之后，随着时间推移分为三支，一支在澳门，现在基本没有听到了；一支在香港，中途暂停后又恢复使用，现在由王泽邦后人持有相关商标；第三支留在中国内地，由于公私合营，传给了广药集团，由广药集团在中国内地持有"王老吉"商标及秘方。问题就来了，香港后人将王老吉授权给加多宝使用，但由于商标地域性问题，加多宝在中国内地仍不能使用"王老吉"。问题在于"代表作"的提法，受到了许多投诉，广药集团也请求法院对该句话发布禁令，但没有获得广州中级人民法院支持。原因在于，禁令颁布的条件较为苛刻，必须是侵权行为明确且损失无法用价钱衡量。但这句"代表作"的说法，法院也拿捏不准是否真的是虚假宣传，是否损失无法用金钱衡量。这个案件广药集团后来没有继续采取行动，是由于加多宝没有继续使用该句广告语，目前在其所有产品上也没有出现这句广告语了。

三、"谁是正宗传人"的问题

关于"谁是正宗传人"的问题，加多宝和王老吉双方在此出现了一个十分精彩的诉讼。香港授权加多宝的王老吉后人发表了一个联合声明，大概内容是"我是王泽邦后人王健仪，我从来没有将王老吉独家秘方许可给他人，没有授权给广药集团使用"。这个宣传隐含的意思是：加多宝是正宗的而王老吉是不正宗的。广药集团凉茶的正宗性被质疑，广药集团马上起诉至广州中级人民法院，最终法院认定加多宝构成虚假广告，广东省高级人民法院二审也判加多宝赔500万元。为了应对这个广告的影响，王老吉也打出了"正宗凉茶"的字样。双方都提出自己是正宗凉茶，王老吉在这个过程中，在自己的一篇报道中出现了一句话，这句话引用了市国资委的话，"广药集团拥有王老吉的独家秘方"。就是这样一句广告语，被加多宝敏感地抓住了，广药集团被起诉到重庆法院，说是虚假宣传，理由与之前的诉讼理由相同，既然加多宝不能说独家授权，那王老吉也不能说独家。一审判决对广药集团是不利的，这是在20多场诉讼中广药集团唯一的败诉，虽然判赔仅为20万元，对比加多宝1 000万元的判赔额仅为九牛一毛，但国有企业对于败诉是十分重视的，对律师的要求也十分高。二审基本维持一审判决。现在案子进行到再审阶段。以下我们一起探讨一下这句广告语是否构成虚假宣传，法院之所以认定这句话构成虚假宣传，是因为这句话是指"只有我一家拥有秘方，而其他人是没有的"。我作为一个律师，我认为这个判决是有问题的。如果将"独家"二字放到"拥有"之前，即"广药集团独家拥有王老吉凉茶秘方"，那么这句话是存在问题的，但要是"拥有独家秘方"就没有问题，因为这点强调"王老吉的独家秘方"，虽然拥有独家秘方，但并没有排斥他人也同样拥有这个独家秘方，中文词序不同则含义也有所区别。在解释语言含义的时候，应当结合一般的语言理解规则进行解释。同样地，之前提到的"中国每卖10罐凉茶7罐加多宝"的广告语，只要增加两个字，改为"中国每卖10罐凉茶7罐产自加多宝"，起到的广告宣传效果是差不多的，但不一定会构成虚假宣传。

四、"谁是凉茶领导者"的问题

接着是"谁是凉茶领导者"的问题。凉茶市场存在领导者，我个人认为这样的说法是极为不妥的。在一个行业中，可以说存在领头羊、领先者，但是领导者隐含了上下级的关系，具有指挥他人的能力，但这样的领导者显然是不存在的。近期加多宝关于领导者的宣传也逐渐减少了，这句广告语也是广药集团唯一没有起诉的广告语。

关于加多宝与王老吉之间广告语诉争的介绍，在此就告一段落了。在我已出版的《红罐之争》一书中，最后附了一首诗："两茶相决比高下，仲伯难分无输家，双破百亿超可乐，携手合作为最佳！"之所以这样写，实话说，加多宝的确为王老吉品牌的升值作出了贡献。更重要的是，"王老吉"商标在中国内地属于广药集团，在中国香港地区、其他国家及地区，该商标则是归属加多宝（受香港王老吉后人授权）。广药集团的王老吉要走向国际，若没有加多宝方的授权，很有难度。相反，加多宝方要在中国内地使用"王老吉"商标，也需要广药集团的授权。可见，二者通力合作将会有更好的机遇及发展，才能够走向国际，媲美可乐。最近关于加多宝一方的许多负面新闻，我们没有去核实过，但从我个人感情上讲，我希望加多宝不要倒下，能够挺过难关，就如百事可乐和可口可乐，二者越斗越强，都成长为世界五百强企业，消费者也有更多的选择。就如奔驰老总曾说过："要感谢宝马公司，没有宝马就没有今天的奔驰，市场竞争能够促进双方共同发展。"如果没有加多宝，王老吉是否拥有今天此般斗志未得可知，从某种意义上来讲，王老吉在今天能够取得这样的成绩，应该感谢加多宝的存在所带来的竞争压力。

以下我们讲讲题外话，王老吉及加多宝为什么会双双突破百亿。不难发现，二者不谋而合，都利用这20场广告，在法庭之外进行宣传，我概括为"不是广告，更胜广告"。在2013年禁令下达后，网上疯传一组图片：对不起，是我们太笨了，用了17年的时间将中国凉茶做成唯一可比肩可口可乐的品牌；对不起，是我们太自私，连续六年销量领先，没有帮助竞争对手修建广场、完善渠道；对不起，是我们出身草根，彻彻底底的民企底子；对不起，是我们太无能，卖凉茶可以打官司不行。几小时之后，广药集团一改企反映迟钝的作风，马上出现了四个"没关系"，与"对不起"一一对应，那年春节大家都在看这场营销大战，这个"广告"对双方的宣传推广效果都十分好。这样的"广告"没有涉及虚假宣传却赚足眼球。网上还有网友PS一张"广告"：

"不懂为什么，我就是想打一个广告——加多宝"；以下"不懂为什么，看到楼上打了个广告，我也想打广告——广药王老吉"，这样的宣传方式并不会比涉及虚假宣传的广告宣传效果差，合法利用媒体、网络，效果更佳。

　　近来深圳有一则广告，也是存在问题的："中国空前，深圳绝版"。这个事件是深圳一个只有6平方米的房子卖出了88万元的天价，还打出这样的广告语，这样的广告是被禁止的，也损害了国家形象。最终这句广告语被判罚60万元。

　　再来看这句广告语："高档装修，不用大理石，就用简一大理石瓷砖。"这句话的本意是，高档装修，你不用大理石，就可以使用简一的仿大理石瓷砖。这个广告在报纸、电视等媒体上都不断宣传，在广州白云机场候机大厅也可以看到大幅的滚动广告宣传。这样的广告语也被起诉到了法院，说明现在人们的法律意识与日俱增。究竟这句广告语是否不符合法律规定、构成虚假宣传及商业诋毁，需要探讨，难以定论。法院和接到大理石行业投诉的工商部门难以定夺，就要求简一找第三方中立机构出具一个证据证明其自身行为的合法性，这个任务就落在了广东省广告协会身上。由于广告协会也不能够直接对其合法性进行断言，就只能通过组织专家展开论证研讨，目前我们正在邀请国内著名专家展开论证，对于这句广告语是否构成对大理石行业的商业诋毁及涉及虚假宣传，也欢迎大家提出自己的意见。

互联网文化语境中的后现代伦理反思①

杨先顺

首先我们从一个案例说起，大家知道，被媒体誉为"2016 年第一网红"的人就是"集美貌和才华于一身"的 papi 酱。papi 酱的视频幽默、搞笑，但被广电总局要求下线整改，原因就是其视频包含粗口低俗内容。根据网友有关 papi 酱视频的脏词词频统计，我们发现：papi 酱视频中的脏词在日常中是羞于启齿的，但是在互联网语境中却比较流行。目前，互联网文化语境可以用一些学者所说的"多元、多样、多变"②来形容，但占主导地位的是主流文化，除了主流文化以外，还有青年亚文化、草根文化、民粹主义、虚无主义以及后现代主义等文化思潮。

一、后现代主义的缘起与特征

后现代主义是 20 世纪 60 年代在西方兴起的文化思潮，后现代主义源于对现代性的反思与批判，早期是尼采批判了理性主义精神，他认为生命的本质是意志力，不是理性，主张捣毁一切偶像，重估一切道德。后来利奥塔抨击了"元叙事"（即以权威性陈述让人相信其真理性的叙事），而德里达的解构主义哲学则意在捣毁"逻各斯中心主义"。北京大学教授王岳川认为："后现代性的显著标志是：反乌托邦、反历史决定论、反体系性、反本质主义、反意义确定性，而倡导多元主义、世俗化、历史偶然性、非体系性、语言游戏、意义不确定性。"③ 后现代主义产生了全球性和全方位的影响，在哲学、文学、音乐、绘画、建筑、广告等领域都有后现代主义的痕迹。例如，迪塞尔服装平面广告《现代会议的诞生》、索尼 PS2 电视广告《厨房篇》就是典型的后现代广告。在伦理学中，最早提出后现代伦理学的哲学家是齐格蒙特·鲍曼，1993 年他出版了《后现代伦理学》一书，标志着后现代伦理学正式"亮相"。后现代伦理学"批判现代伦理学的规范主义或规则主义倾向，要求终结'伦理的暴

---

① 演讲内容是在杨先顺等人的论文《网络传播的后现代伦理审思》基础上修改、增补的，原文发表于《现代传播》2010 年第 3 期。
② 杨韶刚：《多元、多样、多变时代的道德心理学思考》，《中国道德》2006 年第 12 期，第 8 页。
③ 王岳川主编：《中国后现代话语》，广州：中山大学出版社 2004 年版，第 3 页。

政’，还原‘道德的本相’，使道德审美化，建构一个‘审美化’的道德世界”①。可以说，互联网的发展助长了后现代主义（含后现代伦理思潮）的蔓延。

二、互联网文化语境中后现代伦理特征及其危害

伴随着网络媒体的兴起与发展，传统的伦理受到了新的挑战。我们先回顾一下历史上伦理学的两大分野：德性伦理学和规范伦理学。德性伦理学强调人的良知和良心，强调道德的自我修改，如中国古代的儒家伦理、古希腊亚里士多德的德性论、基督教伦理、当代德性伦理等。规范伦理学强调外在的道德规范、道德标准和道德约束，规范伦理学又有诸多流派，如功利论（边沁、密尔等）、义务论（康德等）、契约论（霍布斯、卢梭等）、新契约论（罗尔斯《正义论》）、对话论（哈贝马斯）等。无论是德性伦理，还是规范伦理，约纳斯认为这些伦理在本质上都是一种“近距离的伦理”，概而言之，“整个传统的伦理学就是一种人类中心论的伦理”②。这些伦理学在网络传播时代遇到了前所未有的挑战，那些崇高的道德价值在网络的虚拟性、复制性、匿名性、去权威性等后现代特征面前摇摇欲坠。传统伦理世界观在网络传播中被颠覆，由于受后现代主义思潮的影响，网络道德呈现出后现代伦理的倾向（甚至在某些方面表现得尤为强烈）。后现代伦理的产生与现代伦理面临的危机密切相关，它是在应对现代伦理的挑战中形成的，是对待现代伦理的一种态度，以及力图超越现代伦理的一种努力。在网络时代，传统的生活方式、文化习俗、价值批判、审美标准遭到怀疑或抛弃。网络传播中的道德观念和道德形态呈现出如下一些后现代伦理的特征：

1. 道德主体的虚拟化和道德语境的虚无感

现代伦理学普遍将“理性”作为根基，把人类行为置于“理性假定”之上。现代思想家们感觉到“道德并非人类的一种自然特性，因此需要制定并强加于人们一种全面的整体性道德规范，这种道德应当是一种能够强迫人们遵守的依附性行为规范”③。这往往使人害怕自己的行为因违反道德规范而受到

① 寇东亮：《“伦理的终结”与“道德的解放”——后现代伦理的宗旨》，《探索》2006 年第 4 期，第 172 页。

② 张旭：《技术时代的责任伦理学：论汉斯·约纳斯》，《中国人民大学学报》2003 年第 2 期，第 67 页。

③ 张成岗：《鲍曼论“后现代伦理危机”及“后现代伦理学”》，《哲学动态》2005 年第 2 期，第 51 页。

岭南新媒体说：数字营销传播思想荟萃

谴责。

在网络虚拟社区中，匿名性则打破了这个基本根基。网络社区的开放性和虚拟性导致了与现实社会传统伦理在承载主体身份认同上的差异。现实中伦理主体身份的确认，总是与一定的社会地位、经济状况、性格特征等因素直接关联，相对简单和直观。而在网络伦理中，由于网络提供了一个新的交往平台，而在这个交往平台后面的交往主体却是未知的，交往者都不可避免地戴上了面具，使得交往者的国籍、种族、社会地位甚至性别、年龄都模糊不清。正是因为这种匿名性让网络成员摆脱了现实生活中角色的种种制约，可以自由地设定自己的角色。这样道德主体就被虚拟化了。在虚拟的幻象中，"世界变成了柏拉图式的'影子的影子'"①，这很容易让人产生一种错觉，以为在网络世界中的道德失去了现实世界的基础，人似乎摆脱了现实世界道德的束缚，虚拟世界的道德是不存在的。我们将这种现象称为道德语境的虚无感。

道德语境的虚无感容易造成网络道德主体的行为失范，进而导致整个网络社会的道德失范。最典型的是"黑客"现象，如：2015 年 6 月，美国人事管理局的服务器被"黑客"攻破，约有 400 万名联邦雇员的个人信息被盗。最初的网络"黑客"指的是计算机网络的技术精英，而如今"黑客"已经成为制造和传播病毒的人。从性质上讲，"黑客"行为已经不再单单是一种技术行为，而是一种侵犯他人或社会利益的越轨行为。道德语境上的虚无感将网络"黑客"的侵权行为理解为"技术至上"，他们未经授权而随意进入他方网络系统，破坏、扰乱、篡改、删除网络程序，读取或变更数据及程序文件。其行为不仅对网络信息和网络安全构成巨大威胁，而且严重干扰了网络社会的正常秩序，给整个网络社会带来难以弥补的物质、精神和心理损失。此外，网络语言暴力、泄露或贩卖个人信息等行为也是道德语境的虚无感的典型表现。据 2016 年 12 月 12 日《南方都市报》报道，"记者 700 元买到同事行踪，包括开房等 11 项记录"。这表明泄露或贩卖个人信息的现象已令人触目惊心。

2. 道德中心的离散和道德权威的消解

在现代伦理中，工具理性及其具体形态的系统——科学技术和市场经济的不断发展与扩张，使理性化社会日益呈现出一种极端化趋势，工具控制的体系比以前暴露得更为赤裸。正如黑格尔所言，现代性的症状是伦理生活的实证化，道德和行为规范脱离社会成员活生生的理解过程，变成了外在强加的教

---

① 张品良：《网络传播的后现代状况对青年的影响及应对》，《江西财经大学学报》2005 年第 2 期，第 112 页。

条。① 但这种状况在网络世界中出现了巨大变化，在网络构建的"无中心状态"社会中，没有一个统一的"主义"，也没有绝对的权威。在网络传播中，传播者与接受者的界限不再泾渭分明，每个人都可以传播信息，从而也造成了信息难以统一管理。所谓传播中"信息把关人"的地位被削弱，现实社会中值得信赖的伦理规则变得软弱无力。网络传播通过超文本、超链接的手段，将全球文化连接在一起，产生了一个多元化的文化；加之网络中的大部分内容为个性化的传播，其内容设计多出自传播者自身的个体需求。正是由于网络的多元化话语特征，网民随性表达想法，主流思想受到冲击。如鲍曼所说："我们可以信赖的权威都被提出了质疑，似乎没有一种权威强大到能够使我们足以信赖。结果，我们不信赖任何权威，至少我们不完全地信赖任何权威，不长久地依赖任何权威，我们对任何宣布为绝对可靠的东西都表示怀疑。"这样，网络就由过去的等级式、单向式向平等式、交互性、非中心化转化，体现出多元共生的后现代伦理特征。

虽然道德中心的离散和道德权威的消解在西方对于反叛工具理性和现代工业文明所造成的人的"单向度化"具有一定积极作用，但其危害性也是不容忽视的，特别是在当代中国，后现代伦理具有反权威、反传统、反崇高等特点。例如秦火火诋毁雷锋形象，或者是对经典作品的恶搞，都逾越了社会的公序良俗。"赛博时空"造就了一个审丑、欣赏变节英雄的文化倾向。郭敬明抄袭案败诉，粉丝们"抄袭有理"的声音理直气壮。这好像侵犯别人权益的人反而成了受害者，被侵权者反而成了罪人。而网络侵权事件远远不止于此，人们沉浸在娱乐至死和精神颓废的狂欢中。这类放纵与权威消解成为滋生个人主义的温床。网络明显弱化了集体与权威。这些对中国长期构筑的集体主义观念和当前的主流文化形成了严峻的挑战。

3. 传统道德的祛魅和道德界限的模糊

"祛魅"是德国哲学家、社会学家马克斯·韦伯提出来的术语。通俗地说，祛魅是指把一种思想或事物从神坛上降到世俗生活中，而祛魅的极化是指从神坛打入地狱。道德祛魅的极化在于消解道德的敬畏感，将道德矮化。这容易导致道德界限的模糊化。例如网络流行语对脏话的改编和再造，部分受众对脏话的态度从抵触到默认，再到接受和使用，甚至成了一种时尚。其危害在于道德地位和道德约束力的下降。以网络谣言为例，每年在互联网（含移动互联网）上都会出现大量的谣言。这些谣言中有的是恶意的、别有用心的、危

---

① 《后现代主义视角下的伦理学》，http：//anpuruofan. fyfz. cn/blog/anpuruofan/index. aspx? blogid=376235。

害极大的蛊惑之言，有的看似是善意的（如为了他人健康、表达爱国情结等）、危害较小的。但即使是所谓"善意的谎言"也显示了互联网道德约束力的下降。英国哲学家齐格蒙特·鲍曼在《后现代伦理学》一书中说："我们的时代是一个强烈地感受到了道德模糊性的时代，这个时代给我们提供了从未享有过的选择自由，同时也把我们抛入了一种从未如此令人烦恼的不确定状态……"①

传统伦理学认为，人是伦理道德承载的主体，具有感悟力、想象力、理解力和判断力。人们就是凭借理性使自己的行动与道德准则相符合。而进入网络社区，一切成为一个由符号所组成的虚拟社会。网络作为一种符号化的信息存储库，这在本质上决定了受众在其空间互动是一种"二进制"的符号化互动。受众无从选择，只能依照设置的线路来行动。这样势必导致人的主体性的丧失。本来网络符号是由人们所创造的，是为达到某种目的的手段，但在现实生活中，网络符号已成为控制人、奴役人的异己力量，工业社会中人被机器异化的现象，在信息时代的网络世界里，转变为人被符号异化着②。互联网以其触目惊心的拼贴图形和符号，不再指涉外在的真实世界，而仅仅指符号本身的真实性和产生符号体系本身的真实性。网民能够快速、频繁地切换界面，从而得到断裂的语意、零碎的表现及松散的联系③。在互联网后现代文化语境中人逐渐丧失感悟力、想象力、理解力和判断力，处于一种心神涣散的状态中，无法以理性来控制自己的言行举止。这样，网络中技术理性君临一切，"网络人"只是一个虚拟符号，无须背负社会责任与义务，就连伦理道德也变得似乎只是一些约束人的外在规范，而对于人类内在的心性理想已经越来越缺乏必要的理论耐心。在网络中出现的一系列诸如意义迷失、淡化终极关怀等问题，以致出现的道德滑坡、诚信危机等，正是传统道德的祛魅和网络道德界限的模糊造成的结果。

4. 道德行为的非理性化

网络的开放性使得新媒体真正做到了传播权力的普及和平等参与，传者与受者不再界限分明，任何人都可以成为信息发布者。这种特性使得网络传播的个人化特点显著突出，随着微博、微信的兴起，网络这个大平台变成了每个人

---

① ［英］齐格蒙特·鲍曼著，张成岗译：《后现代伦理学》，南京：江苏人民出版社2003年版，第23页。

① ［英］齐格蒙特·鲍曼著，张成岗译：《后现代伦理学》，南京：江苏人民出版社 2003 年版，第 23 页。

② 张品良：《网络传播的后现代状况对青年的影响及应对》，《江西财经大学学报》2005 年第 2 期，第 112 页。

③ 赵虹：《论网络传播的后现代特征与危机》，《太原城市职业技术学院学报》2005 年第 3 期，第 24 页。

展现自己的大舞台，传播的内容也日趋个人化，人们所追求的亦日渐个性化，更加随心所欲。从后现代伦理角度来看，网络中的道德伦理不可避免是"非理性的"，也难以存在一个表达为遵从非个人化的普遍化规则。在这个虚拟社区里，"道德像生命的其余部分一样，是不可预测的：它没有伦理的基础。我们再也不能为道德的自我提供伦理的指导，再也不能'创制'道德"①。网络道德吁求是完全个人化的，道德是个人化的行为实践，是因人而异的多元样态的自我生活实践。

"赛博时空"巨大的包容性使得人类的心理感受得以无限延伸，畅所欲言，尽情地宣泄个人情感。网络的"宽容"一方面满足了人类的心理寄托，另一方面也滋养了"网络暴力"。网络暴力是社会暴力的延伸，每个网络上的人都可能成为受害者。它正在以其独有的方式破坏着公共规则、触犯着传统道德底线。一些网民在实施自己的道德行为时走向了情绪化和不理智的极端，例如快递小哥被打事件发生后，打人者个人信息被曝光，但网友曝光的个人住址现已不是打人者的了，现居住者却遭到网友们的不断骚扰。打着"道德"的幌子扰乱其他人的正常生活，俨然已经超越了原本的道德底线。道德行为的非理性化其实是以道德的名义违反道德。这是一种道德悖论，它看起来是维护道德，但最后却损害了道德。

三、互联网文化语境中后现代伦理的理论应对

在信息时代，高科技已经迈入人们的日常生活，影响着人们的生活与思维方式，推动着人类社会的不断发展。网络时代带来了世界性的巨大变化，人们的生活变得更加快捷方便与多彩。然而，利与弊往往都是建立在其相对应的道德伦理背景上的，如果没有相应的文化水平和知识修养，一味沉溺在网络中虚拟的、复制的、符号等特性的电子生活中，就必然会把网络传播中后现代伦理的负面效应放大，导致社会伦理和社会责任的危机。那么，鲍曼的后现代伦理学能否解决后现代伦理危机呢？答案是否定的。因为后现代伦理学旨在反思和批判西方现代社会的伦理危机，并未给后现代伦理危机的化解提供灵丹妙药。

从理论层面看，互联网后现代伦理思潮可以从如下几个方面来应对：

1. 澄清"虚拟实在"的本体论地位，确立网络道德的实在性

我认为，道德主体的虚拟化和道德语境的虚无感不应该等同于道德的虚无

———————————
① ［英］齐格蒙特·鲍曼著，郁建兴等译：《生活在碎片之中——论后现代道德》，上海：学林出版社2002年版，第5页。

化。我曾在《网络传播的道德哲学审思》一文中论证：网络世界本质是"世界3"，是受到主体意识作用的社会实在，在网络世界中的道德既是可能的，又是必要的。而鲍曼所说的"道德是没有原因和理由的；道德的必要性，道德的意义，也是不能被描述和进行逻辑推理的"[①]，只是网络世界给人的一种假象。

首先，网络是受到主体意识所作用的社会实在，又具有强烈的主体创造性。它已经具备道德建构的先决条件。网络中人们通过信息数字的传播和彼此的交往而形成一个虚拟的社区，这个社区类似于现实传统的社会，人们同样拥有一个身份，有彼此间的关系，同样进行获取与给予。这些关系需要一个无形的规范来约束，否则虚拟社会就会因过分混乱而毁灭。因此，网络虚拟社区不但需要强制性的法律法规，而且需要非强制性的道德伦理。其次，网络虚拟社区是建立在现实的基础上的，网络的主体在现实中是实在的，在介入网络的同时依据自身的标准和伦理来参与虚拟实在的建构；另外，网络是现实客观实在的映射和延伸，不能隔断与现实社会中已形成的道德观念和伦理秩序的联系。因此网络道德既有必要性，更有重要性。

2. 以"话语共识协商法"建构具有平等感和共识性的网络道德新范式

互联网是一个零散的世界，五花八门的信息充斥着网络，使得整个社会文化价值多元化。较传统的大众传媒形式而言，我们拥有一系列成功引导舆论的调控管理机制和方法。然而在网络传播中，主流的思想被冲击，网民随性表达想法，很多时候处于一种冲动与"非理性"状态，并且由于网民的素质良莠不齐，难免出现言论偏激的现象，大量削弱了媒体议程设置功能。除此以外，后现代的发源地西方国家凭借其雄厚的技术和经济优势，在网络上推行"信息殖民"扩张。据了解，互联网上英语内容占90%以上，英语文化在网络上取得了最高的文化霸权地位[②]。这势必对我国社会主义价值观与思想观念造成不容忽视的冲击。后现代伦理强调"解构"和"多元化"，这在"开放性""无疆界"的网络传播中得以强化，加之网络是一个难以实现规范制约的社会，为个人主义提供了土壤。

在如此多元的话语环境下，如何加强正确的舆论导向，发挥媒体议程设置功能，我们认为可以采用"话语共识协商法"，同时附以"意见领袖"的引导，以期建立一种更加适合网络环境的伦理状态。"话语共识协商法"借鉴了

---

① ［英］齐格蒙特·鲍曼著，郁建兴等译：《生活在碎片之中——论后现代道德》，上海：学林出版社2002年版，第5页。

② 张品良：《网络传播的后现代状况对青年的影响及应对》，《江西财经大学学报》2005年第2期，第112页。

德国社会哲学家哈贝马斯的话语伦理学理论，是在公众参与讨论中达成一个最大范围的共识。网络多元化话语环境容易造成讨论的秩序混乱，在这里，我们认为应让足够理性的"意见领袖"充分发挥作用，用网络受众所喜闻乐见的话语方式进行引导，在反复讨论中形成最后的话语共识。当然，"话语共识协商法"中的主体皆是平等的，即在网络中参与讨论的网民之间不受年龄、身份、地位等的限制，"意见领袖"更多体现的是理性的引导与对话。

3. 树立网络生态伦理观，消除道德模糊化的倾向

传统伦理学认为善与恶是对立的，而在互联网中，这种善与恶的界限已经模糊，正如后现代伦理中认为人在道德上是善恶并存的。在这样的网络传播里，往往容易造成不正确的人生观与世界观，造成对网络技术的误用和滥用，从而造成网络出现信息污染、网络安全危机、"网络私人空间"危机等多方面的生态不平衡。网络是人类的第二生存空间，是人与信息的生态环境。这就要求网络保持一种整体意义上的、结构性的动态平衡。

我们认为，在价值多元、权威弱化、系统联系增强的虚拟实在中应树立一种网络生态伦理观。生态伦理世界观"强调各种伦理要素和文明要素，包括人与自然、人与人、人与自身不可分离的内在关联和生命有机性"[①]。网络生态伦理观在网络虚拟实在环境基础上提出，移植传统的伦理世界观，有机结合网络环境与道德伦理，消除道德模糊化倾向，以保护网络的"生态和谐"。

4. 以责任伦理规避后现代伦理中的"非理性"

网络环境消解了传统大众媒体的庄重性与权威性，一些网民俨然已经把互联网当成他们逃离现实、尽情宣泄个人情绪的游乐场。鲍曼在《后现代伦理学》中说：生活的空间被当作游戏场而存在，"表演可以重新开始和重复；甚至它的结束也是'假如'"[②]。后现代道德要求瓦解"自我完善"，认为传统道德中的所谓"完善"，只是一种玩弄老百姓的把戏，是理性的自我造作和自我欣赏。其实质就是要求释放人的自我膨胀欲。这势必会对网络社会的秩序造成极大的破坏。

对此，可以借鉴哲学家约纳斯提出的"责任伦理"来应对，即用自身行为的责任来约束自己。约纳斯认为，传统伦理是那些崇高的道德价值随着技术时代里传统形而上学的终结和"上帝之死"而彻底崩溃，与此同时它们却未能提出一种直面技术时代的道德责任原则。各种人类中心主义伦理学面对技术对地球的统治以及为争夺这种统治权的斗争而无能为力。而"责任伦理"强

岭南新媒体说：数字营销传播思想荟萃

---

① 樊浩：《从本体伦理世界观到生态伦理世界观》，《哲学动态》2005 年第 5 期，第 25 页。

② ［英］齐格蒙特·鲍曼著，张成岗译：《后现代伦理学》，南京江苏人民出版社 2003 年版，第 201 页。

调在技术统治的威胁下人所应当承担的责任。约纳斯将责任原理的绝对命令表述如下："你的行为必须是行为后果要考虑承担起地球上真正的人的生命持续的义务。"其否定形式的表达是："你的行为必须是行为后果不能破坏地球上人的生命的未来的可能性。"① 责任伦理要求人类充分考虑技术的权力所带来的大量的、不可预知的、全球性的、破坏性的后果。然而约纳斯的责任伦理是从自然的本体论来界定道德伦理的绝对命令的,因此其善的概念是根植于自然之中,而非社会价值等。因此,在借鉴约纳斯的理论来协调网络传播中后现代伦理弊端时,仍需要辩证的立场和方法。

① 张旭:《技术时代的责任伦理学:论汉斯·约纳斯》,《中国人民大学学报》2003年第2期,第67页。

第一部分 规范之剑:法律与伦理

第二部分　理念之峰：创新与变革

广告业的两场革命与广告教育的变革

星　亮[*]

自 20 世纪 90 年代以来，全球广告业发生了两场革命：一场是广告业内部发生的深刻变革；另一场是由互联网及其应用技术的发展所推动的广告业的数字化转型。广告业的这两场革命均深刻地影响了广告业自身的发展路径，也决定着广告业未来的发展方向，并对当今和未来的广告学教育提出了全新的要求。如何认识这两场革命的实质，以及认识这两场革命给广告业所带来的变化，对当今及未来的广告学教育而言，甚为重要。以下从对两场革命的认识入手，深入思考广告学教育所面临的环境，以及广告学教育应进行的相应变革。

一、广告业的第一场革命及其影响

自 20 世纪 90 年代以来，整合营销传播实践的出现和相应理论的产生，促使广告行业内部经历了一场革命性的深刻变革。从形式上来看，这场变革是从以广告为主的单一业务，向以多工具应用为特征的整合业务转进的业务形态变化。但从本质上来讲，是整个行业从传统广告业向营销传播业的产业升级过程（见图 1）。值得注意的是，这场革命不仅在广告实践领域推动了整个产业的变革，也在广告理论的建设中产生了重大影响，并由此从实践和理论两个方面，全面而深刻地促进了广告业的内部革命和产业升级。

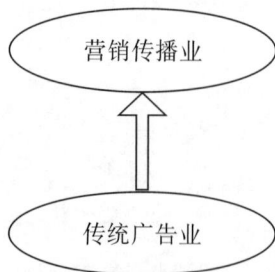

图 1　传统广告业向营销传播业的产业升级

　*　星亮，暨南大学新闻与传播学院广告学系主任、教授、博士研究生导师，广东省广告协会公益广告专业委员会主席。

1. 第一场革命的实践进程

自 20 世纪 80 年代末以来，美国广告行业在微观业务层面，出现了为追求营销传播的协同效应，而将广告、公关等多种营销传播工具整合应用的业务形态，这也就是后来所谓的"整合营销传播"实践。实际上，在具体业务中应用多种营销传播工具来进行组合传播的思想由来已久。早在 1960 年，美国学者麦卡锡在其所著的《基础市场营销学》一书中，就初步表达了这种思想，而 1965 年美国学者埃德加·克兰在其《营销传播学》一书中，对此进行了更加明确而全面的表述。这种多工具组合使用的做法，相对于单独使用广告这一种工具来解决企业营销传播问题的做法而言，已经是一种非常大的进步了。到 1990 年前后，这种做法已经从自发的实践探索，开始向有意识的理论自觉转进。而"整合"的思想也由此萌发，表明人们对多工具整合应用的认识也达到了一个新的高度。与整合营销传播的实践在时间上同步，1990 年大卫·艾克在《管理品牌资产》一书中所传达的"品牌资产论"的品牌观，颠覆了以往人们所普遍持有的"品牌识别论"和"品牌形象论"的传统观念，并由此引发了人们对品牌价值的强烈关注和全新认识。反映在实践中，就是逐渐开始了以品牌为核心的广告作业时代。从单独使用广告，到组合使用多种营销传播工具，到强调营销传播工具的整合应用，再到建立以品牌为核心的整合品牌传播体系，广告实践的变革在业务内涵和外延的扩展中一步步推进，在提升业务层次的同时，也不断推动着广告业的产业升级（见图 2）。

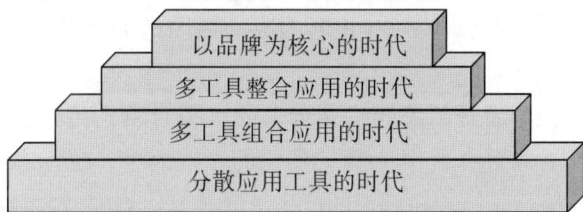

图 2　第一场革命中广告业的实践进程

2. 第一场革命背后的理论演进

实践领域的业务形态创新，引起了理论界的关注，并由此催生了整合营销传播理论的诞生。从理论发展脉络来看，整合营销传播理论是营销传播学发展的自然结果，或者从哲学诠释学的观点来看，是营销传播学理论发展到这个阶段的"效果历史"。营销传播学由美国学者埃德加·克兰于 1965 年创建。克兰在其著作中创造性地把麦卡锡 4P 理论中的"Promotion"一词改成了"Communication"，并进一步提出了"营销传播组合"的理论主张，由此创建了营销传播学。

在经历了大约 20 年的缓慢发展后，自 20 世纪 80 年代中叶起，营销传播学的理论建设取得了显著的进步。1986 年，特伦西·辛普和韦恩·德罗泽尔在他们合著的《促销管理与营销传播》一书中，最早使用了 "Integrated Marketing Communications" 一词（见图 3），为后来多工具整合应用的营销传播实践提供了理论来源。

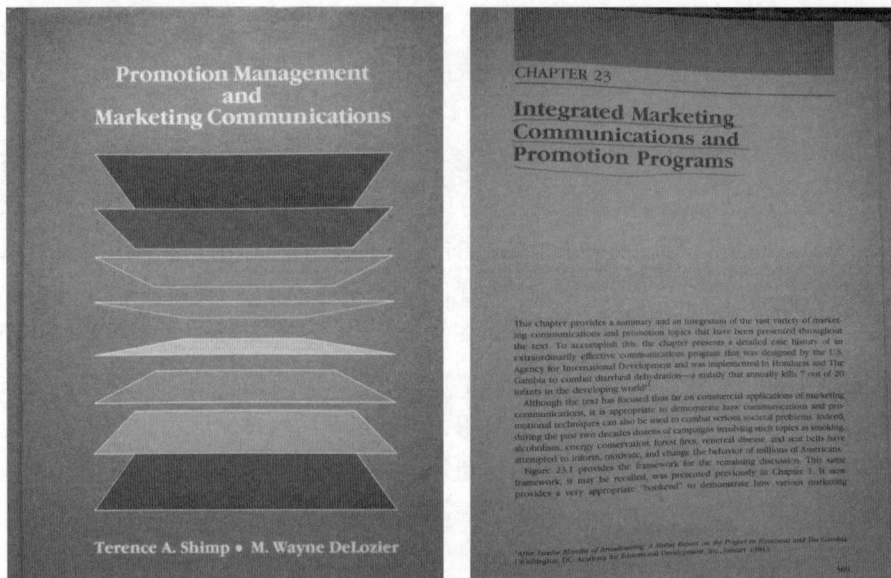

图 3 辛普和德罗泽尔 1986 年著作中出现 "Integrated Marketing Communications" 一词

1993 年，美国学者舒尔茨等三人合著的《整合营销传播：协同效应》一书的出版，宣告了"整合营销传播"理论的正式诞生，也标志着一个新的理论阶段的到来。整合营销传播理论的产生，既是对广告实践领域的业务创新所进行的一次理论总结，也是营销传播学理论获得重大发展的一个标志。而该理论在管理和广告两个领域所产生的重大影响，则在迅速扩大该理论影响力的同时，也使营销传播学成为 20 世纪 80 年代的一门"显学"。需要特别强调的是，该书的名句"营销即传播，传播即营销"所反映的营销与传播的辩证关系，在数字营销传播时代得到了最彻底的诠释。

在整合营销传播理论之后，1999 年，舒尔茨与他的另一位学术伙伴贝斯·巴恩斯合作，出版了《战略品牌传播运动》一书。在书中，他们正式提出了"整合品牌传播（IBC）"理论（见图 4），从而在理论的高度，对以品牌为核心的营销传播实践进行了准确的学术提升和理论表达。虽然整合品牌传播理论未能像整合营销传播理论那样产生巨大的社会影响，但其所代表的以品牌为核心来整合营销传播资源的思想，却已成为时代的强音，深深地刻印在先进广告业者们的认识中，并已经转化为他们从事广告工作的核心理念，指导着他们的广告实践。

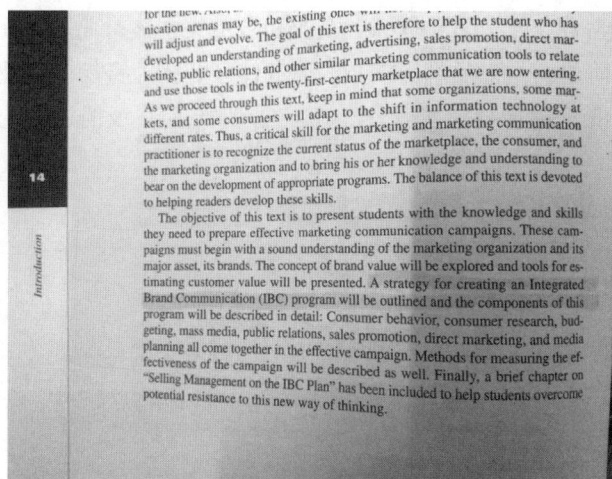

图4 舒尔茨和巴恩斯在他们的著作中提出"整合品牌传播（IBC）"理论

从分散的单一工具理论到营销传播组合理论，到整合营销传播理论，再到整合品牌传播理论（见图5），营销传播学理论的不断丰富和发展，为广告行业的实践提供了强有力的理论支持，也成为引导广告业不断进行产业升级的思想源泉。

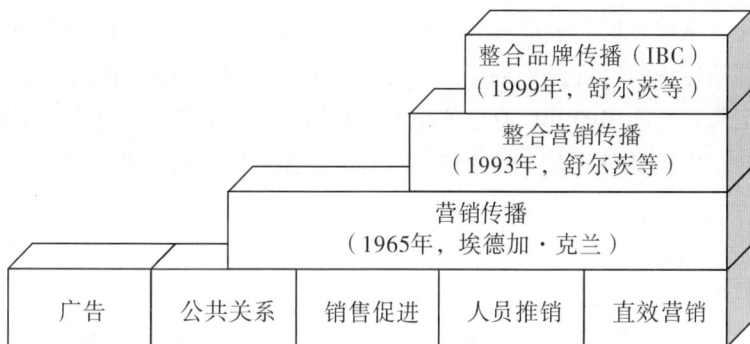

图5 第一场革命背后的理论演进

3. 传统广告业向营销传播业的升级

广告业的第一场革命导致的产业变革，是一场从以单一工具为主导的传统广告业向以品牌为核心的多工具整合应用为主导的营销传播业的升级。其产业升级的过程主要经历了以下三个阶段：第一阶段，是由单一种类工具业务、单一类型企业、单一属性行业为主导的传统广告业时代；第二阶段，是以广告、公关等多工具整合业务、多业务综合企业和多种类主体行业为特征的营销传播业时代；第三阶段，是以品牌为核心的业务体系、多业务综合企业和多种类主体行业为特征的营销传播业时代。整个广告业产业升级的过程与形式如图6所示：

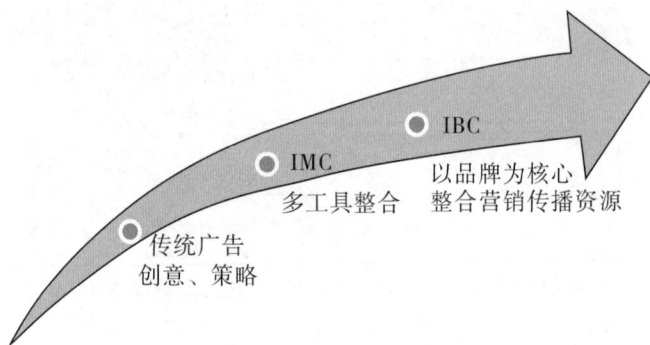

图6　广告业的产业升级过程

传统广告业向营销传播业的产业升级过程，在业务、企业和产业三个层面，均有着不同方式的体现，而这种多层次的变化，最终从整体上全面推进了广告业的产业升级。

首先，从业务层面来看，广告业的产业升级主要表现为具体业务的不断拓展，也即从传统的广告业务向多工具整合应用的 IMC 业务、再向以品牌为核心的多工具整合应用的 IBC 业务的拓展，其结果就是促使广告业务不断向企业内部前伸，也由此使得广告业的产业链不断前伸和拉长（见图7、图8、图9）。

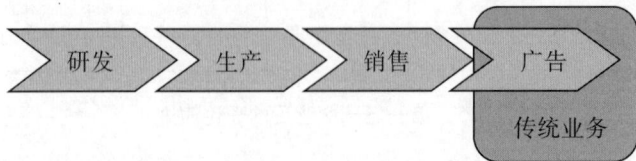

图7　业务前伸：传统广告业务

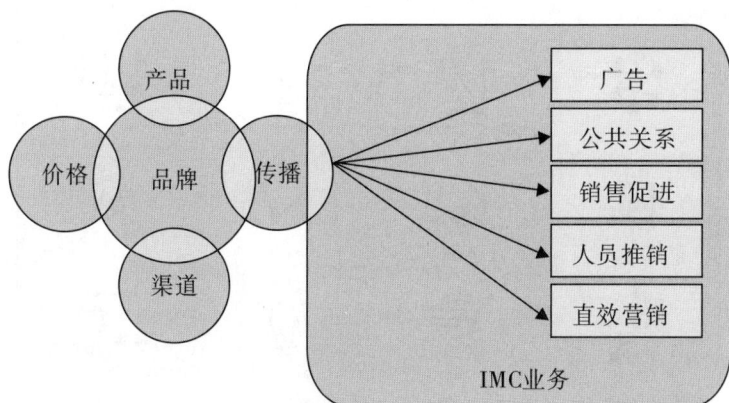

图 8　业务前伸：IMC 业务

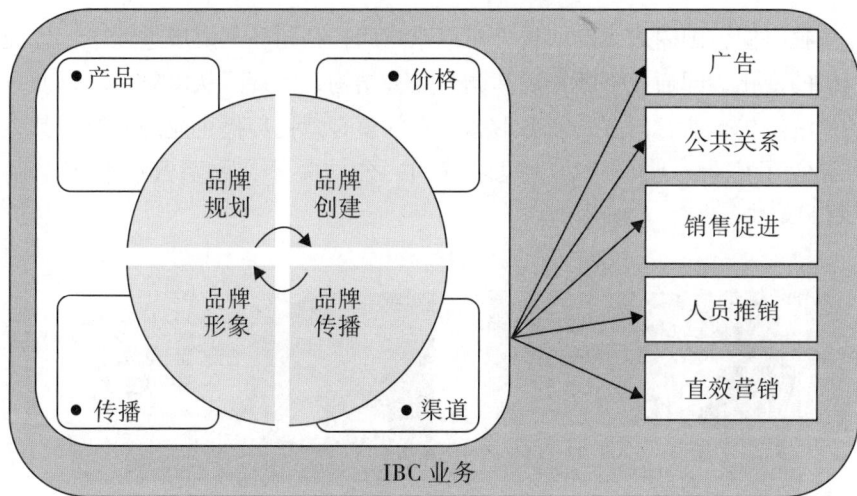

图 9　业务前伸：IBC 业务

　　其次，从企业层面来看，广告业的产业升级主要表现为企业业务内容的不断丰富，以及与之相应的业务结构调整。其结果就是越来越多的传统广告企业更多地开展广告以外的其他相关业务，如著名的美国奥美公司，其业务就从早期单一的广告业务，不断向公共关系、品牌和创意、消费者互动、活动消费者及零售推广等业务领域拓展，最终使得企业从传统的广告公司蜕变为整合营销传播机构，并最终演变为今天的传播集团（见图10）。

图 10　奥美公司的业务拓展与结构调整

　　无独有偶，国内最大的广告公司广东省广告公司在其发展进程中，也经历了相似的变化，即通过不断拓展和调整业务结构，实现了从以单一广告业务为主的传统广告企业，向多种业务形态并举的整合营销传播企业的升级，其现有业务涵盖了广告、明星代言、娱乐营销、公共关系、数字营销等多个领域（见图 11）。

图 11　广东省广告公司的业务拓展与结构调整

最后，从产业层面来看，广告业的产业升级主要表现为广告业的主体结构发生了根本性变化，大量非传统广告企业以传播公司、文化传播公司、整合营销传播公司、品牌咨询公司等不同的名义进入广告行业，并逐渐成为行业的主导力量。仅以奥美传播集团为例，该集团旗下有奥美广告、奥美公关等多种类型的企业（见图12）。就企业的业务性质而言，其中的大多数企业并非传统意义上的广告企业，而是超越了广告的其他性质的经营主体，但这些企业又实实在在地在奥美传播集团的大旗下，归属于广告行业。显然，广告行业主体结构的这种变化，已经从本质上使得当今的广告业，实现了从传统广告业向营销传播业的产业升级。

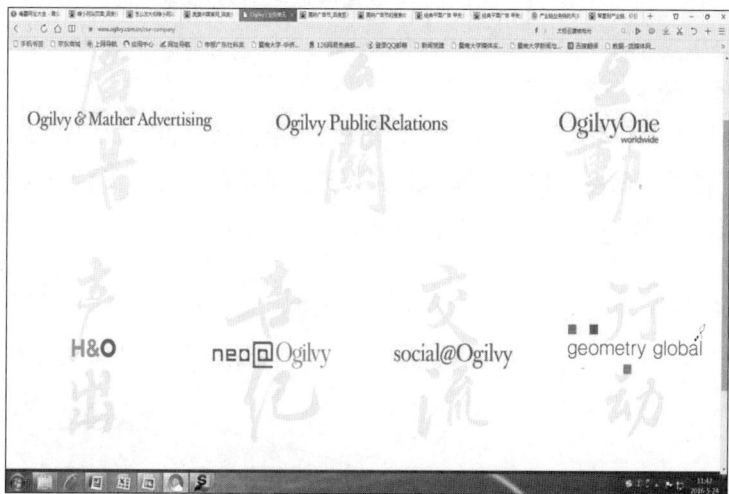

图12　奥美中国的主体结构

二、广告业的第二场革命及其影响

自1994年10月14日第一则网络广告出现起，广告业开始步入数字化转型。从形式上来看，这是一场以不断涌现的创新技术应用为表征的行业变革。但就实质而言，则是技术和数据双轮驱动下，在传统广告业和营销传播业两个层面所进行的数字化转型（见图13）。或者更准确地讲，是数字营销传播业持续培育和不断发展的进程。

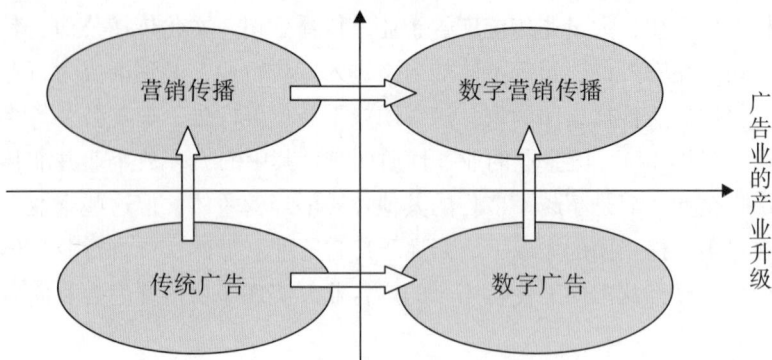

图 13　广告业和营销传播业的数字化转型

1. 第二场革命的实践进程

广告业的数字化转型是一个持续变化的连续进程。截至目前，这一转型大体经历了传统互联网、移动互联网和大数据三个阶段，目前正在开启智能化发展的阶段（见图 14）。整个广告业的数字化转型发展，在这三个阶段有着不同的表现。

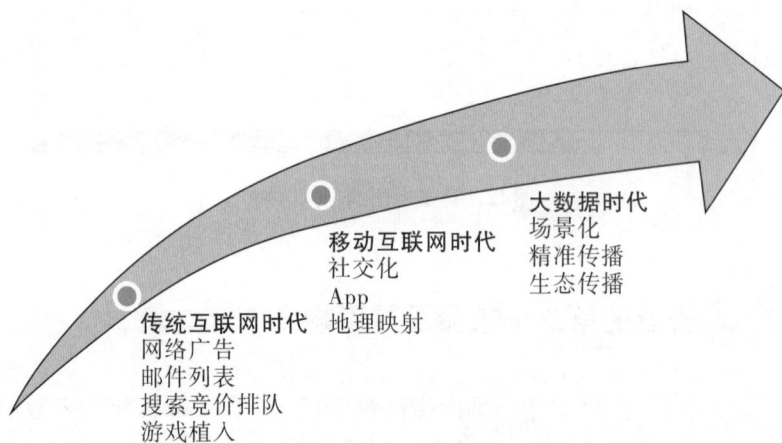

图 14　数字营销传播的历史进程

广告业的第二场革命起步于传统广告在传统网站上的数字化呈现。仅就作品形态而言，网站上发布的图片广告与报纸上发布的平面广告之间，似乎并无本质区别。但按钮广告、悬浮广告、Flash 广告等纯数字化网络广告作品的出现，则带有强烈的数字技术属性，并与传统意义上的平面广告呈现出完全不同的样貌和功能。从邮件列表开始，赛博空间的营销传播工作即刻上了深深的网络技术烙印，从而开启了真正意义上的数字营销传播时代，而技术创新与应用创新则是这一时代的主旋律。基于搜索引擎技术的百度竞价集合排队，不仅在信息的组织和呈现方式上展现出鲜明的网络技术属性，而且在商业模式上也体现出与传统营销传播业务完全不同的思维，这就是典型的互联网思维、数字技术思维。由此开始，数字营销传播领域的技术创新与应用创新连绵不绝，快速推动着数字营销传播的持续发展。企业网站的大量建设和运行，品牌墙（见图15）、品牌专区（见图16）等百度搜索产品，以及视频缓冲广告位、弹幕广告（见图17）等的不断涌现，在充分展现网络技术魅力的同时，更是体现出了数字营销传播的创新特质。而电商网站的平台化发展，则把传统互联网时代的数字营销传播实践推到了一个全新的高度。

图15　百度搜索：品牌墙

图16　百度搜索：品牌专区

图 17　弹幕广告

　　移动互联网的快速发展使得移动智能终端的信息传播和信息处理能力迅速扩大，也由此开启了数字营销传播发展的第二个阶段。移动终端所特有的定位服务（LBS）让移动互联网的功能得到了极大扩展，结合电子支付等相关技术的发展，使得原本依赖 PC 处理能力的传统网站，也能够在移动终端上成为强大的多功能综合应用平台；而社交媒体的功能扩展则使其成为移动用户须臾不能离开的"贴身新宠"；App 的出现使得移动互联网的平台建设迈入了一种全新的技术路径。上述技术的发展迭代相接，共同为数字营销传播的创新发展提供了广阔的空间。

　　大数据时代的到来使得数字营销传播的发展超越了依赖软硬件技术的阶段，迈上了基于数据处理能力的新台阶。全动态的大数据算法系统使得精准传播成为这一阶段的亮点，数字营销传播在工具层面而言，开始转化为体系性开发、整合性运行的大数据平台，滴滴打车、小黄车的风靡一时，是对这一阶段美好景象的最好注解。

　　需要特别指出的是，广告业的数字化转型发展，并不局限于上述作品形态、信息的组织和呈现方式、信息的传播方式等方面的变化，更表现为技术思维、商业逻辑、运行体系等方面的全面重构。从传统的广告联盟，到简单的网络广告交易平台和移动广告推送平台，再到复杂而高效的程序化交易系统（见图 18），数字营销传播的运行体系在技术和数据的双轮驱动下，越来越显现出技术的特质。总体来看，数字营销传播的实践进程可以概括为：聚焦赛博空间，技术引领发展。

图 18　程序化交易系统

2. 第二场革命的理论演进

在广告业数字化转型发展的伟大实践进程中，学界对于实践领域的变化始终是有所关注、有所研究的，并且始终随着数字营销传播实践的不断发展，持续进行着理论思考和理论建设。概括而言，迄今为止，数字营销传播理论的研究，大体可划分为概念探索和理论建构两个阶段。

与数字营销传播实践进程相一致，数字营销传播理论的研究，也起步于对网络广告的观察和理论分析，但早期对网络广告的研究，始终都局限在广告学的范畴内。

20世纪90年代中期，随着电子商务的应用和普及，营销学界开始了对网络营销的理论研究，提出了"网络营销"（Internet Marketing）、"在线营销"（Online Marketing）及"数字营销"（Digital Marketing）等不同概念。值得注意的是，这种研究从起步开始，就是对营销活动的整体研究，而不是局限于某一种要素层面的研究。

2000年，美国商务活动家丹·斯坦博克《网络营销传播的诞生》一书的出版，正式拉开了数字领域营销传播理论研究的帷幕。2001年，美国宾州大学的杰瑞·韦德教授和得克萨斯大学的维贾伊·马哈詹教授召集全球多位专家，共同编撰出版了《数字营销：世界顶尖专家眼中的全球战略》一书，其中收录的美国学者约翰·戴顿和英国学者帕特里克·巴韦斯撰写的《数字营销传播》一文，廓清了数字营销传播理论的基本概念。同年，英国学者詹妮弗·罗利发表了题为"网络环境下营销传播的重构"的文章，深入探讨了网络营销和网络营销传播之间的关系，对人们认识和理解数字营销传播理论的独立性起到了重要作用。而两位丹麦研究者莫滕·巴赫·延森和安娜·隆德·延森合作发表的《在线营销传播：整合营销传播新类型》（2006），以及另一位法国学者克林·谷劳于2008年发表的《整合在线营销传播》等文章，对数字营销传播理论与整合营销传播理论的关系进行了辨析，并进一步明确了数字营销传播理论的独立性。

随着互联网的智能化和移动化发展，数字营销传播实践变得更为活跃，而数字营销传播的研究也开始步入理论建构的阶段。2011年，美国营销学大家菲利普·科特勒等人提出了"营销3.0理论"，认为互联网营销的实质就是所谓的"价值观营销"。2013年，英国学者维克托·迈尔—舍恩伯格等人在《大数据：生活、工作与思维的大变革》一书中提出的"大数据理论"，是数字营销传播领域的一次革命性理论创建，对人们理解和认识大数据的价值和意义均产生了重大的历史性影响。此后，有关内容营销、关系营销、场景营销、生态营销等相关理论层出不穷，其中，美国学者罗伯特·斯考伯和谢尔·伊斯雷尔于2013年提出的场景营销理论，代表着迄今为止数字营销传播理论建设的最高成就。上述不同的理论建构，反映出人们从不同角度和不同层级出发，对数字营销传播实践所进行的理论思考，也充分表明了数字营销传播理论建设在不断深入，而这些理论的产生，也在不同程度上影响或指导着数字营销传播实践的发展。

3. 广告业和营销传播业的数字转型发展

就形式来看，广告业的第二场革命是在技术推动下，广告形态不断创新的进程。但就实质而言，这是一场以互联网领域的数字革命来带动营销传播业进行数字化转型发展的进程。如前所述，这一过程经历了传统互联网、移动互联网和大数据这三个发展阶段，目前正处在向智能化转进的阶段。而广告业和营销传播业在这一过程中，也同样在业务、企业和产业三个层面，有着不同的具体表现（见图19）。

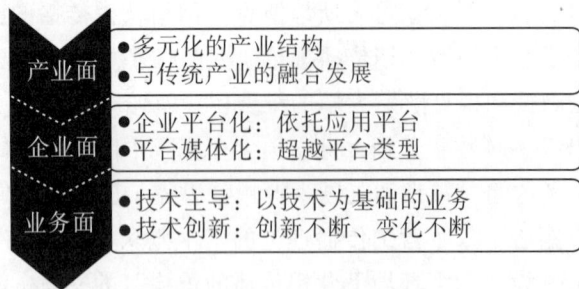

产业面
● 多元化的产业结构
● 与传统产业的融合发展

企业面
● 企业平台化：依托应用平台
● 平台媒体化：超越平台类型

业务面
● 技术主导：以技术为基础的业务
● 技术创新：创新不断、变化不断

图19 广告业的数字化转型发展

首先，从业务层面来看，决定业务的类型、内容、流程、效益的核心因素，不再是传统意义上的创意和策略，而是技术。换言之，技术主导着业务的形态和整个过程。而所谓的业务，或发端为某项技术的具体应用（如搜索排队），或表现为若干相关技术的整合应用（如基于位置的手机推送广告），无一不是基于技术应用而生成。也正是因为这个原因，由于相关应用技术始终处于持续不断的动态创新之中，因而也使得数字营销传播的业务形态不断出新、不断丰富。

其次，从企业层面来看，决定本行业企业竞争优势的核心资源，不再是传统意义上的媒介资源，而是基于企业的应用平台而生成和积累的用户资源和信息资源；而同样，决定企业竞争优势的核心能力，也不再是简单地取决于传统意义上的创意能力和综合服务能力，而是首先取决于企业的专有技术能力，或整合既有技术开发创新项目的能力。而且这种基于技术的资源，以及基于技术应用的能力，使得企业的发展越来越趋于平台化发展，也因此而变得越来越趋向于多元性、综合性，从而使得企业的行业属性越来越趋向于模糊化。阿里公司如此，腾讯公司也是如此，滴滴公司更是这样。尤其是当有关行政部门以立法的形式确认"搜索排队"也是广告之后，百度公司究竟属于高技术企业还是广告企业，显然，企业的性质不是变得更明确了，而是变得更模糊了。

最后，从产业层面来看，由于数字营销传播的优势资源和核心能力主要集中在专业性或综合性的应用平台上，而掌握这些应用平台的企业主体，多数是专业技术企业、信息服务企业，以及内容生产企业等非传统广告企业。这些非传统广告企业和非传统营销传播企业的大量介入，使得整个广告行业，甚至整个营销传播行业的企业主体结构发生了重大变化。当今的广告行业，既有大量的传统广告企业或传统营销传播企业，也有不少的内容生产企业和信息服务企业，而其中掌握行业发展主导权的，则是越来越强势的技术企业。因此，概括而言，从行业层面来看，广告业的数字化转型发展，使得整个行业更趋向于与传统行业融合的多元化发展，由此使得整个行业的产业结构也越来越呈现出多元化的特征。

三、广告教育的变革

广告行业在过去 30 多年以来所发生的革命性变革，从各个层面、各个方面均深刻地改变了广告业的整个体系。这种体系化的深刻变化，对广告学专业教育提出了全新的要求，广告学专业教育的变革势在必行，且刻不容缓。对于如何根据行业变化推动广告学专业教育的变革，下面拟提出几点看法。

1. 广告学专业教育变革的前提

一言以蔽之，广告学专业教育变革的动力，主要来源于广告行业的革命性变革。其中，对广告学专业教育直接产生影响的，主要是以下几个方面：

一是行业属性的变化。广告业的两场革命深刻地改变了其自身的行业属性，从传统广告业到营销传播业，广告业的根本属性已然发生了重大变化，使得整个行业无论从业务层面、企业层面，还是产业层面，均与传统意义上的广告业有了本质的区别。而随后发生的数字化转型发展，则使得尚未处在升级过程中的营销传播业，陡然间随着赛博空间的成长，发生了更为深刻的革命性变化。数字化转型并不是简单的"广告＋互联网"的单向过程，更重要的变化来自于"互联网＋广告"技术因素的介入，或简言之，技术作为主导因素的介入，使得营销传播业开启了数字化转型发展的新通道，从而在业务形态、企业属性和行业主体结构等各个层次，均出现了与传统广告业完全不同的样貌。正确认识并准确理解这种变化对广告学专业教育的影响，是决定广告学专业教育变革的根本性动因。

二是知识体系的变化。仅就专业术语而言，从广告、策划、创意、媒介、发布，到营销传播、工具、接触点、整合，再到悬浮、App、大数据、程序化、场景，就可直观感受到广告业的两场革命对知识体系的影响。从定位、USP，到品牌资产、IMC、IBC，再到价值观营销、场景营销、生态营销，理论体系的变化更为明确。概而言之，由两场革命所带来的整个知识体系的变化，对广告学专业教育的变革提出了全新的要求。

三是能力要求的变化。传统广告人的核心能力，主要在创意和策划，而产业升级后的广告人的核心能力，则逐渐提升为品牌战略规划和整合传播，及至在数字化转型过程中，广告人的核心能力则转向了技术的创新应用能力。核心能力的变化，意味着人才培养目标和要求的变化，更意味着广告学专业教育的变革势在必行。

四是人才需求的变化。业务形态变化，知识体系变化，核心能力变化，广告业的两场革命所引致的这种种变化，归结于行业和专业教育的衔接方面，就具体化为人才需求的变化。一般的创意人才依然有其价值，但与能够运用技术思维和互联网思维提出一种全新的数字化业务形态的人才相比，其价值完全不可同日而语。现在主导行业的，不再是奥美这样的传统广告公司，而是腾讯、阿里、百度、滴滴这样的技术企业，而它们所树立的人才标准，与传统广告公司的需要大相径庭。广告学专业教育变革的最直接压力和动力也主要来自于此。

2. 广告学专业教育变革的思路

即便是明确了广告学专业教育变革的大背景，但具体如何进行变革，实际上是一种探索的过程。尤为关键的是，即便是数字化转型本身，也是一种探索创新的持续过程，存在着一定的技术偶然性和前景的不确定性。因此，广告学专业教育的具体变革路径，并不具有唯一性，对此，关键是要有一些基本的思考。我们认为，面对广告业的人才需求变化，广告学专业教育的变革，需从以下几个方面进行思考：

首先，要有实事求是的态度。实事求是的基本出发点，就是要认清广告业所发生的革命性变革，以及由此对广告专业人才提出的全新要求。专业教育的目的，是培养合格的未来人才。因此，认清广告业的昨天、今天和明天是实事求是的基本出发点。正如前文所述，自20世纪90年代以来，广告业的中心始终处在变化之中，从早期的以创意设计为中心，逐渐升级为以品牌战略规划为中心，再迅速转向以数字化应用为中心，目前正面临着以智能化传播为中心的挑战（见图20）。行业中心的持续变动，使得专业人才需求的格局不断调整，而对广告学专业教育的要求也在不断更新，因此，适应行业变化，实事求是地调整专业教育思路，是专业教育变革的基本出发点。

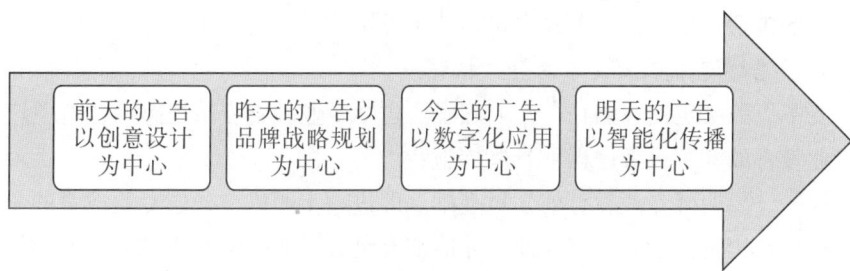

图 20　广告业的前天、昨天、今天和明天

其次，要有恰当的学科视域。长期以来，广告学专业教育的基本学科视域，当然是广告学，因此，用广告学的观点去设定专业教育的目的与目标、用广告学的理论去指导专业教育过程，是自然的选择。但广告业的第一场革命，使得整个行业完成了从传统广告业向营销传播业的产业升级，而第二场革命，则催动了整个行业的数字化转型。这两场革命的最重要结果就是深刻改变了广告业的行业属性，使其不再局限于广告业自身，而是升级到了营销传播业的高度。因此，继续沿用传统广告学的学科视域，显然已经无法理解并解释当今和未来广告业的行业属性、企业性质和业务形态，也无法培养出合格的、适合行业需求的专业人才。

第二部分　理念之峰：创新与变革

再次，要有全新的知识体系。广告业的两场革命，使得整个行业的实践体系发生了根本性变化，全新的实践体系催生全新的知识体系，也需要全新的知识体系来反哺实践的发展。广告学专业教育体系内现有的知识体系已然过时，既无法恰当地诠释实践领域所发生的变革，也无力指导整个行业的创新发展，更难以满足新时代广告专业人才的培养要求。从广告创意设计到整合营销传播，到整合品牌传播，再到数字营销传播，广告业的实践领域在不断拓宽，而理论创新也持续不断。为应对广告业所发生的革命性变革，广告学专业教育的知识体系必须创新，唯有如此，方能顺应行业变革的基本方向，以符合行业实际需求的知识系统开展专业教育，而不是封闭在学院式的理论中自娱自乐。

最后，要有多元的专业能力。传统观念认为，广告专业人才的核心能力就是创意能力和策划能力。然而，随着广告业所发生的持续变革，广告专业人才的核心能力，实际也在随之进行着调整。核心能力的调整，并不是非此即彼的替代关系，而是重要性的转移。从创意策划到战略规划，再到数字化应用，行业中心的调整，就是人才核心能力转移的依据。当然，在任何时代，优秀专业人才的核心能力，并非总是局限于某个单一能力，通常会有所谓"一专多能"的要求，这一点在专业教育方面尤其重要。相对于传统广告人才重视"创意与策划"能力而言，新时代广告人才的核心能力，至少需要增加"技术"能力，这既包括技术开发能力，也包括技术思维能力和技术应用能力。

3. 广告学专业教育变革的具体措施

变革思路决定变革路径。在明确了广告学专业教育变革思路后，有关广告学专业教育的变革可考虑以下具体措施：

第一，要明确专业教育的学科基础。即进一步明确广告学专业教育的学科基础就是营销传播学，唯有如此，才能够有足够开阔的学科视域和专业建设视野，也才能以此为基础，对传统广告学进行全面、彻底的改造，从而真正在专业教育上实现与行业发展和实践体系的一致性，也才能保证专业教育的变革做到有的放矢、符合行业发展的要求，也才能保证专业教育能够培养出符合行业发展要求的专业人才。从广告学到营销传播学，专业教育的变革并不仅仅是一个名词或术语的变化，而是整个培养目标、能力要求、课程体系等各个方面的整体调整。

第二，要调整培养目标。即把以培养创意和策划人才为目标，调整为以培养品牌传播管理和数字化应用人才为目标。这一目标的调整也不仅仅是一个名词的转换，而是对人才培养规格和人才培养口径的根本性调整和提升。如果说传统广告学所培养的是相对单一的创意和策划人才，那么，营销传播学（特别是数字营销传播学）视域下的专业培养目标，则是具有较高整合品牌传播管理能力和数字化应用能力的复合型人才。这两种人才之间不仅仅是业务方向和能力向度方面的不同，更是人才规格和人才口径方面的差别。

第三，要有全新的能力要求。专业教育的目的是培养合格的专业人才。所谓"合格"与否，则主要以能力结构为表征。从传统的广告创意、策划能力，到品牌战略规划、整合品牌传播、数字化应用开发与管理，人才能力的差别，也主要体现在能力结构的扩张方面。概括而言，目前和未来广告学专业教育对专业人才核心能力的要求，要实现从"两点平衡"到"三点循环"的跨越。所谓的"两点平衡"是指传统广告学专业教育对专业人才能力结构的基本要求为两点，即追求的是创意能力和策划能力的平衡。而营销传播视域下的专业教育，则要求专业人才的能力结构中，要在增加"技术"能力的基础上，把专业人才的能力结构调整为技术能力、创意能力和策划能力三者之间相互激发、相互促进的循环关系（见图21）。

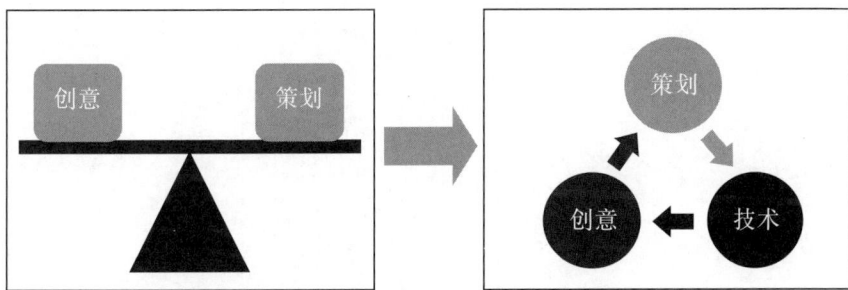

图21　从"两点平衡"到"三点循环"

第四，注意培养方式的调整。即把传统的以理论讲授为主的培养方式，调整为以实践为主的培养方式。之所以对培养方式进行如此调整，主要原因有二：其一，在两场革命的过程中，广告领域的实践体系发生重大变化，并大大超出既有理论的范畴。换言之，面对广告业所发生的革命性变革，传统的广告学理论已难以提供有力的理论支持，因而无法继续在专业教育中发挥理论引导作用。由此，在新的、真正有价值的理论出现之前，专业教育不得不聚焦于具体实践；其二，在数字营销传播领域，因技术因素的主导，使得该领域的技术创新持续不断，而基于各类技术的新型业务也层出不穷，新业务产生的周期也越来越短，相比之下，理论创新的步伐常常步履维艰，难以紧跟实践的快速变化。需要特别指出的是，互联网领域的技术创新和因此而生发的应用创新，存在着一定的不可预期性，而且新旧技术之间还常常出现异质性，甚至是替代性的变化，因而更加剧了理论创新的难度，也使得理论创新的价值大打折扣。

第五，重构课程体系。课程体系是落实专业教育的核心，也是决定人才培养达成目标的具体保证。传统广告学专业教育的课程体系，体现的是广告学视域下的专业人才培养观。因此，课程体系的搭建，也主要聚焦于广告学的相关理论，以及广告业务的各个环节。在营销传播学的视域下，广告学专业教育的目标和手段都发生了较大变化。为此，需要以营销传播学相关理论及其相关业务形态为主来搭建新的课程体系。具体而言，要逐步减少单纯的广告业务课程，而适当加大有关营销传播、品牌、战略管理等相关的理论课程，并适当增加广告之外的其他工具类业务课程，应特别针对数字营销传播的快速发展，加大数字业务创新开发与应用等课程的比重。通过课程结构的调整，重构广告学专业教育的课程体系，从而使之能够支撑广告专业人才培养的现实和未来需要。

基于大数据的营销创新之道①

阳 翼②

今天我要跟大家分享的是《基于大数据的营销创新之道》。事实上，最近几年我一直在从事数字营销方面的研究，那么，今天要分享的内容跟数字营销之间的关系是什么呢？这里我想稍微做一个说明。

我个人认为，在过去的二十多年里，数字营销经历了从 1.0 到 3.0 三个阶段的升级。什么是数字营销 1.0？它是基于互联网的单向传播的方式，比如 1994 年 10 月 AT&T 赞助的那个横幅广告，就是数字营销 1.0 的开端。它的特点是，受众被动接受传播者的信息，没有互动。随着论坛、博客、微博、微信等一大批社交媒体的出现，数字营销进入了以互动传播为特点的 2.0 的新阶段。这个阶段，受众不仅接受信息，还可以与传播者进行互动。比如我们看了一条企业的官方微博，可以对它进行点赞、点评和转发，受众可以自己生产内容，就是所谓的 User Generated Content（UGC）。进入大数据时代，数字营销也进入了 3.0 的新阶段。这一阶段的特点是，营销不仅是数字化的，而且是数据化的。基于对大数据的分析，我们可以对消费者进行更为精准的营销。

具体而言，相对于传统营销，大数据营销有如下四个特点：第一是多平台。数据的来源是多平台的，比如 PC 端、移动端、智能电视以及各种传感器等。第二是个性化。我们可以针对消费者的独特需求为他们量身定制个性化的营销。第三是时效强。我们可以根据消费者在特定时间、特定地点，对他们进行场景化的营销，这样的营销无疑比传统营销更有时效性。第四是高效率。我们经常讲，我的广告费有一半是浪费的，但我不知道是哪一半。大数据营销因为具有更加精准的特点，所以可以在很大程度上减少这种浪费，因而更加高效。

下面我就从营销组合的 4P 角度，也就是产品、定价、渠道和促销等四个方面来跟大家探讨基于大数据的营销创新之道。

---

① 演讲内容节选自阳翼著《大数据营销》（北京：中国人民大学出版社 2017 年版）一书。

② 阳翼，暨南大学新闻与传播学院教授，数字营销研究中心主任。

一、基于大数据的产品创新

首先是产品创新。有三条路径，一是制造智能化，二是产品定制化，三是服务个性化。

第一，制造智能化。制造智能化有两个层面：一是生产层面。现在我国的制造业大部分还是依靠人力在做，但如果我们给生产流水线上加入了传感器，即时收集大数据的话，就可以实时对设备、零件和物料进行监控预警，从而实现低成本、高效率的生产。可以说，大数据是实现智能制造、工业4.0的重要驱动力。二是产品层面。给产品加入传感器，就可以实时地收集用户使用和偏好数据。比如耐克的运动鞋和运动手环就加入了传感器，可以实时地收集消费者的运动数据，比如运动日期、时间、距离、热量消耗值等。如果对数以百万计的消费者数据进行分析，就能及时改进产品功能和用户体验。所以，今天的耐克已经不再是一家传统的服装企业，而是一家大数据公司了。

第二，产品定制化。在传统的工业时代，标准化是企业的安身立命之本，因为只有标准化才能规模化，只有规模化才能实现低成本的大量生产。但是随着时代的进步，标准化的产品已经不能满足高端用户的需求，因此有的企业已经开始利用大数据在做定制化生产。比如青岛的红领集团就把"工业化"和"定制"完美地结合，用工业化的生产来满足消费者个性化的需求，每天生产数千件西服和衬衫，但在众多的生产线上却找不到两件完全相同的衣服。红领的定制流程，从量体到打板、裁衣、缝制入库，再到发货，总共只需要一周的时间，而在传统时代，这个过程需要30～60天时间。这种高效率的C2M模式是建立在红领的大数据系统的基础上的，这套系统收集了过去十几年200多万定制顾客的数据，每一项数据的变化都会驱动9 666个数据的同步变化。比如我的肩宽比你的宽1厘米，那么9 666个相关数据会同时发生变化，整个生产制造的流程高度数据化和自动化。

尚品宅配是大数据驱动的产品定制化的另一个典型案例。中国的楼盘和住宅千千万，尚品宅配如何做到大规模定制化的呢？这源于2007年开始的房型库的建设，从那个时候起，尚品宅配就开始收集全国各地楼盘的房型，然后进行数据分析，发现其实只有大约100种卧室和70种客厅，这就大大降低了大规模定制化的难度。顾客只要告知所在城市、楼盘、房价、收入、年龄等信息，设计师就可以在系统中找到过去三个月、半年、一年内受类似顾客欢迎的几十上百套方案作为参考。如果顾客在样式、布局等细节上有任何的要求，只需要在现有方案上进行微调就可以了，而这每一套的新方案，又会上传至数据库中，成为后来者的参考。这样不断滚动之下，短短五六年时间，尚品宅配已经为 40 多万户家庭提供了近 30 万种个性化方案。

第三，服务个性化。对此在我们的生活当中应该有不少体验了。比如，信用卡公司追踪客户信息，发现有资金异动，就即时向持卡人发出警示；电信公司追踪客户行程动态，区域化推送有关旅游或商务信息；当客户联系客服代表，客服总能了解到客户的历史记录，并给出解决问题的最佳办法。比如有一次我打电话给中国人民保险公司，因为我的车是在那买的保险。电话接通后我没讲两句，客服代表就说："您是不是×年×月×日曾经打过电话来，说了××问题？"我说是，他就说："我们有这样的一个解决办法，您看怎么样。"我就觉得这种办事方法效率特别高，不需要我再重复说一遍了。假如我对 A 客服代表说一遍，没有记录下来，我下一次打电话，B 客服代表接到电话，我又得重复一遍，体验就特别不好了。

在大数据时代，教育也可以做到个性化。因为慕课的广泛应用，使得学生的学习数据可以得到实时收集，对这些数据进行分析，就可以知道学生的学习状况。比如你的长处是什么，短处是什么，哪些知识要点还没有掌握等，这样就可以有针对性地制订个性化的教学方案。

二、基于大数据的定价策略

基于大数据的定价有两条创新路径：

第一，个性化定价。也就是说两个不同的消费者，用同样的渠道，购买同样的产品，价格是不一样的。比如说，在同一个网站购买同样一部手机，你买的价格是 2 500 块钱，他买的是 2 600 块钱，那么出了 2 600 块钱的消费者可能就会不高兴了。凭什么你的便宜我的贵？这个问题怎么解决？这就要采用所谓的"价值分割"的策略。比如，你 2 500 块买的，但是要一周以后才能收到货；而 2 600 块买的，明天就可以到货，这样大家就不会觉得不公平了。

再比如，Jet.com 才正式上线一年，就被沃尔玛以 33 亿美元的高价收购了。那么，Jet.com 有什么独到之处呢？其实就是个性化定价。它承诺该网站上的商品价格比亚马逊和其他网站的价格低 10% 到 15%，因为它提供给了消费者很多的选项，如果选了这些选项，产品的价格就可以降低，比如你选择了"尽量从同一分发中心购买多件产品"，那么成本自然就低了。比如同样是买三件产品，一个从上海发货，一个从北京发货，一个从广州发货，肯定比三件都从广州发货成本要高得多。又如，放弃退货的权利，当然可以降低商家的成本。再如，用借记卡而不是信用卡付款，因为用信用卡付款，银行收取的费用

第二部分　理念之峰：创新与变革

更高，所以选择这一项，也能够降低成本。

Staples. com 的个性化定价是基于访客的地理位置的，具体来说，如果你住的地方离竞争对手的连锁店比较近，那么定价就低一些，因为希望你在我的网站上购买，而不是去竞争对手那里买；相反，如果你住得离竞争对手的连锁店比较远，那么定价就会稍微高一些了。

第二，动态定价。对此我们其实很熟悉了。比如我们买机票，今天买跟明天买，价格可能不一样，因为航空公司会根据剩余的座位数和竞争对手的票价，动态地调整价格。

再比如滴滴出行，也是采用动态定价的策略。比如我们打车去中山大学，早上 10 点跟下午 5 点半的时候打，价格肯定不一样，因为晚高峰打车的人实在太多，供不应求，所以要加价。此外，交通是否拥堵、接单的司机离你的距离的远近等，都会影响最终的定价。

三、基于大数据的渠道优化

至于基于大数据的渠道优化，这里可以看一个案例。作为一家以北上广等一线城市为发展重心的快递公司，顺丰快递鼓励公司的内部员工回乡创业，到家乡的三四线城市，甚至是农村去开设快递网点。但这一布局面临着很多问题。首先就是运营成本高。虽然我国目前已基本实现了全国范围内的村村通公路，但很多地方的农村地形比较复杂，不像城市那样道路平坦。此外，三四线城市以及农村地区通过网络购买商品的情况不像一二线城市那么普及，快递的网点比较分散，效益很难得到保障。尽管如此，顺丰通过对整个运营网点的大数据进行分析发现，三四线城市以及农村市场是顺丰快递的短板；而从另一份大数据的分析结果来看，这些地区的居民收入在快速增长，增长幅度已经超过了一二线城市。随着收入的提高，以及国家信息化建设的发展，这些地区的网络普及率也在飞速增长，网络购物逐渐成为流行的趋势。通过对这些大数据的分析，顺丰管理层得出的结论是，我国三四线城市以及农村地区将成为未来快递市场的重要组成部分，而且将会是未来快递市场获得增长空间的主要来源，如果不早做布局，一旦被对手抢占先机，公司将输掉在这块市场的竞争力。因此，尽管面临许多困难和问题，顺丰仍然做出了这一势在必行的决策。

由此可见，一个优秀的企业一定要学会使用大数据来为企业渠道布局提供支撑。大数据虽然只是前一段时间的总结，却是最客观的反映。用大数据分析的手段，能较为准确地为决策提供辅助支撑，从而使决策更加科学化、规范化，也更加具有前瞻性。这样的企业才能真正走在市场前面，在激烈的行业竞争中比对手领先一步，成为未来市场的优胜者。

四、大数据时代的广告：程序化购买

程序化购买可以说是大数据时代广告业发展的一个方向。现在广告人出门如果不会说两句"程序化购买"，都不好意思跟人打招呼了。

什么是程序化购买？程序化购买是指通过广告技术平台，自动地执行广告资源购买的流程。包括RTB（Real Time Bidding，实时竞价）和Non-RTB（非实时竞价）两种交易方式。

从2013年到2017年，RTB和Non-RTB的投放结构发生了很大的变化，2013年RTB占了95%以上，到了2017年，RTB和Non-RTB的投放比例基本上持平了。

这是RTB的运作流程，我们大致了解一下：用户A访问网站，SSP向Ad Exchange拍卖一次被用户A看到的广告曝光；Ad Exchange向DMP请求识别用户A，Ad Exchange返回数据说用户A有购买化妆品倾向。然后Ad Exchange向DSP发送信息说拍卖化妆品广告位；这个时候有三个竞价代理商，A出价0.3元，B出价0.5元，C出价1元；结果出价最高的C代理的化妆品获得了向客户A展示广告的机会。这整个过程只需要100毫秒的时间，所以说是实时的竞价。

程序化购买按照交易是否公开可以分为公开交易和私有交易，公开交易主要是RTB实时竞价模式，私有交易即在PMP模式下的广告投放方式。

那么，既然有RTB，为什么还要有PMP呢？原因在于RTB基本涵盖的都是长尾流量，对于品牌广告主而言，他们需要保证能在优质的广告位进行投放，PMP就能够做到这一点。那么，PMP跟传统的广告购买有什么区别吗？传统的广告购买大部分也是私下交易的啊。区别在于，PMP除了是私下交易外，它同时还是采用程序化购买这种方式的。

举个例子。比如一个化妆品品牌广告主拥有高、低档两个档次的化妆品广告需要投放，通过PMP交易方式，它预先购买了一个固定的优质广告位。当高收入受众浏览该门户网站广告位时，PMP将推送高档化妆品的广告；而当较低收入受众浏览广告位时，他（她）看到的将是较为便宜的化妆品广告。

PMP包括PDB、PD和PA三种模式。PDB是Programmatic Direct Buy，程序化直接购买，也就是一对一的直接购买方式。比如我是宝洁，你是新浪，通过PDB，这个首页的广告位归我了，要保质又保量地展示我的广告。PD是Preferred Deals，也就是优先交易。它跟PDB的区别在于广告资源具有一定的不确定性,广告位的展示量不能事先保证。比如说必须先满足 PDB 购买的广告展示量以后,才轮到 PD 购买的展示。PA 是 Private Auction,也就是私有竞价。它的运作方式与 RTB 基本相同,区别在于媒体可以把优质的广告位拿出来,放到一个半公开的市场中进行售卖,供有实力的广告主竞价,价高者得。

程序化购买在各个平台上的发展并不均衡,通过 PC 端投放的广告规模为91.9%,通过移动端投放的广告规模为 8.1%。

目前,我国户外广告的程序化购买尚处于起步阶段,而国外则相对成熟。比如,可以通过识别设备识别出这位受众是女性,那么后台中针对女性用户且出价最高的冰激凌广告将自动播放。

至于电视广告的程序化购买,依赖于智能电视的普及。智能电视意味着用户行为可以被监测,这为电视广告的程序化购买奠定了大量的用户数据基础,使其成为程序化购买的下一个蓝海。

五、基于大数据的公关策略

第一是公关对象的精准化。根据数据分析确定用户属于哪种类型的公众,并根据他的特征定制公关策略。

第二是信息发布的数据化。大数据时代的公关稿应该有更多的数据和图表,因为可视化的数据让人感觉更加客观和真实。

第三是舆情监测的实时化。互联网世界的信息浩如烟海,我们必须用大数据的技术,实时监控负面信息动态,及时妥善处理,从而避免更大危机事件的爆发和蔓延。

第四是技术应用的人性化。大数据时代,消费者的隐私无时无刻不在被监控之中,如果企业不加考虑地滥用这些隐私信息,将会造成用户的反感和厌烦,甚至对消费者的人身财产造成损害。事实上,在大数据时代尊重消费者隐私的做法,本身就是一种公关策略。

六、基于大数据的促销策略

最关键的一点是要做到促销信息的精准投放。这里我们来看三个案例。

第一个是菲兹牛排的案例。菲兹牛排通过数据分析发现,客人吃过一次牛排后,在第 23 天回头客最多,于是他们在第 20 天左右开始发放二次消费促销券,结果核销率比之前增长了 2 倍,效果的提升非常显著。

第二个是山姆俱乐部。山姆俱乐部通过历史交易数据发现,某位顾客喜欢喝美式咖啡，但对价格比较敏感，就为他提供 10 元的美式咖啡优惠券或者 8 元的通用优惠券，并将这些个性化的电子优惠券发送到顾客手机上。

第二是苹果公司的 iBeacon。商家可以向主动选择接收信息的用户发送促销广告。比如你在店内的男鞋区，正要经过衬衫区，店家就可以向你发送衬衫的折扣信息引导你进入该区域。

大数据时代的营销变革是全方位的，同时也是颠覆式的。应当指出，基于大数据的营销创新才刚刚开始，随着科技的不断进步，人们对大数据技术的掌握和应用水平将不断推向新的高度，该领域也将迎来数量更多、影响力更大、适用范围更广的创新。让我们拭目以待！

大数据与增长黑客营销

段淳林[*]

  近年来,"增长黑客"正在成为互联网创业领域的新风潮,游戏规则也随之悄然改变。增长黑客们试图用更聪明的方式解答产品得以增长的奥秘,并使之成为助力产品增长的长效机制。他们通常既了解技术,又深谙用户心理,擅长发挥创意、绕过限制,通过低成本的手段解决初创公司早期的增长问题。根据不同阶段用户参与行为的深度和类型将增长目标拆分并概括为 AARRR 转化漏斗模型(AARRR 是 Acquisition、Activation、Retention、Revenue、Referral 五个单词的缩写,分别对应用户生命周期中的五个重要环节),从获取用户到传播推荐,整个 AARRR 转化漏斗构成了一条螺旋上升的产品使用周期闭环。增长黑客的价值正是通过不断地"头脑风暴—排定优先级—测试—分析—常态化部署"来优化产品策略,减少这当中每个环节的不必要耗损,提高转化效率,从而不断扩大自己用户群体的数量和质量。在此环境下,越来越多的开发者通过接入平台,直接调用平台的身份授权、用户关系、内容数据以及计算能力。同时,产业的融合为初创企业带来更多变革和创新机会,也为擅于寻找增长点的增长黑客们提供了展现专业技能的全新舞台。

一、大数据引领下的"增长黑客"新风潮

  "增长黑客"这一说法源于硅谷,最早在 2010 年由 Qualaroo 的创始人兼首席执行官肖恩·埃利斯(Sean Ellis)提出。但它真正引起业界广泛关注与交流,却是因为安德鲁·陈(Andrew Chen)在 2012 年 4 月发表的 *Growth Hacker Is the New VP Marketing* 一文。

  增长黑客们试图用更聪明的方式解答产品得以增长的奥秘,并使之成为助力产品增长的长效机制。他们通常采用的手段包括 A/B 测试、搜索引擎优化、电子邮件召回、病毒营销等,而页面加载速度、注册转化率、E-mail 到达水平、病毒因子这些指标成为他们日常关注的对象。

  换句话说,这是一群以数据驱动营销、以市场指导产品,通过技术化手段

  * 段淳林,华南理工大学新闻与传播学院副院长、教授。

岭南新媒体说：数字营销传播思想荟萃

贯彻增长目标的人。他们通常既了解技术，又深谙用户心理，擅长发挥创意、绕过限制，通过低成本的手段解决初创公司产品早期的增长问题。在外行人眼里，他们就像是极客、发明家和广告狂人的混合体。再通俗一点，他们的职责接近于专门为初创公司设立市场推广部门，因为很少有用于营销的大笔经费，所以更多的是将注意力聚集在产品策略本身带来的自发增长上。

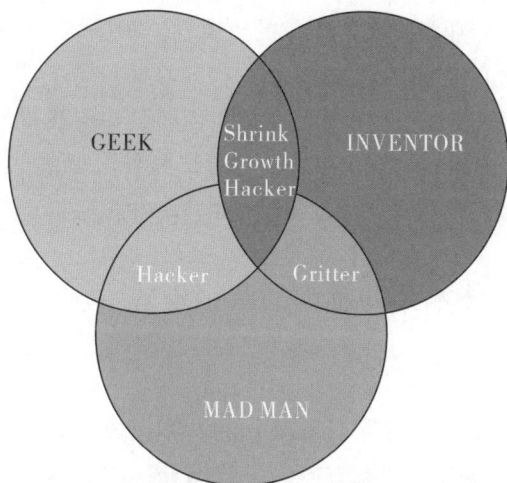

图 1　增长黑客模型（图片来源：谷歌）

近年来，"增长黑客"正在成为互联网创业领域的新风潮，游戏规则也随之悄然改变。一方面，越来越多的第三方工具降低了初创团队的开发门槛，Google Analytics、Mixpanel 等"即插即用"的服务只需开发者在程序/网页内嵌入几行代码，就能一条龙式地以低成本实现数据采集、渠道统计、设备追踪、用户使用行为分析等功能。另一方面，越来越多的行业巨头处于扩大市场份额、构建生态系统、完善配套服务、探索盈利途径等需要，建立了属于自己的开发生态，并发布了配套的 API 供开发者调用。开发者通过接入平台，能够直接调用平台的身份授权、用户关系、内容数据，以及计算能力。产业的融合为初创企业带来更多变革和创新机会，也为擅于寻找增长点的增长黑客们提供了闪转腾挪的全新舞台。

当然，营销费用的水涨船高也成为推动"增长黑客"兴起的重要原因。曾经靠砸钱就能堆起用户量的时代一去不复返，开发者们不得不想破脑袋探寻更多的途径和偏门，于是曾经被视作有违商业道德的"刷榜"开始大行其道，甚至固化为一些手机游戏公司的长效机制。对于成本吃紧的初创团队而言，大量的经费投入是无法负担的，寻求砸钱之外的突破口就成为当务之急。随着人口增长和经济社会的发展，就业压力与自我实现的需要催生了新一轮创业的热潮，市面上涌现出越来越多的互联网创业团队。这在客观上也唤起了产品增长的需求和对增长黑客的崇拜。

据全球权威的 IT 研究与顾问咨询机构高德纳（Gartner）咨询公司调查显示，70% 的高科技公司已经设置了"增长黑客"或者与之类似的技术营销类职位；前瞻客（Forrester）研究公司和天狼星（Sirius Decisions）咨询公司也在相关报告中提倡企业设立类似职位的重要性。2013 年 11 月，第二届 Growth Hacker Conference 在美国山景城举办。次年 2 月，第一届大型增长马拉松（Growthathon）也在硅谷完成首秀，比赛为创业公司中赢得最多用户的增长黑客颁发优胜荣誉。这一切都促进了对"增长黑客"概念的普及。而在中国，这一概念也正在被越来越多的创业者所熟悉和认同。

二、数据与技术共同驱动的营销模式

1. 一切用数据说话

数据分析是"增长黑客"日常工作的基本组成部分。产品功能逻辑越复杂，用户量越大，涉及的利益方越多，数据分析的成本和要求就越高。据统计，今天的互联网中，每 60 秒会产生 10 万条 Twitter 微博、50 万次 Facebook 互动、400 万次信息搜索。在纷繁复杂的世界里，学会通过量化的方法观测世界，才能更好地理解一切。

进行数据分析，首先要明确分析的目的。脱离具体目标的单纯数据查看没有任何价值。在有些公司里，向数据支持部门索取数据，需要提交相应的流程，转交给对应的负责人进行手动查询。如果分析目的不明确，无疑是在耽误整体项目进度。其次是要了解数据来源的相关信息，包括各项指标的定义、采集点和上报机制。在一家公司内，不同部门关注的指标可能不尽相同，不同产品对指标的定义也应当建立在产品特性和自身提供的服务核心价值上。开发人员警惕代码编写中的错误率，产品人员在意每次版本迭代的留存率，而市场人员将更多目光聚焦在推广费用的投入产出比上。

在数据来源正确的前提下，进行数据分析的方法可分为定性分析和定量分析。定性分析是指对事物的性质作出判断，究竟它"是什么"。定量分析是指对事物的数量作出统计，衡量它"有多少"。数据分析就是定性分析与定量分析相互结合、不断验证的过程。提出假设、设计方案、分析数据、验证或推翻假设，最终抽丝剥茧，逐渐接近真相。数据是相互验证的，彼此之间有如通过无形的网络纵横连接，只需轻轻按动其中一个，就会驱使另外一个或一组数据产生变化。通过数据分析得出的结论，应当能反推出其他数据，或是与其他数据分析得出的结果相一致。

2. 寻求产品与市场的契合

互联网是快速试错和收集信息的平台，也是一个公正的仲裁者，永远能反映客观的市场动向。聪明的团队应当从产品每一次调整所带来的反馈中汲取营养，不断强化优势，及时纠正错误，找到产品与市场的契合状态，成为被市场接受的玩家，而不是因循守旧地沉沦在既有的产品创意中，完全罔顾市场的需求和反馈。

马克·安德森（Marc Andreessen）将"产品与市场相契合"的这一状态称为 PMF（Product/Market Fit）。在达成 PMF 之前，过早的推广和过多的优化都是不必要的。当试图在产品上增加一些功能以确保它的"完整性"和对某些极端情况的应对能力时，这意味着只能推迟正式进入真实市场接受用户检验的时间。产品达成 PMF 之前最重要的任务是从一小部分早期用户那里获得反馈，并以最低成本改进产品。

许多产品是依靠创始人的灵机一动或个人兴趣做起来的，但更多成功的产品是需求分析后有的放矢的产物。根据统计，产品开发中 40%～60% 的问题都是在制定需求方向阶段埋下的"祸根"；在测试及运营阶段发现需求方向的问题，解决的代价是制定需求方向中发现问题的 68～200 倍。让产品与市场契合，归根到底就是产品提供的服务能够切实满足用户某方面的需求。为此，"增长黑客"应当设法通过数据分析及多种技术手段去主动了解用户。

首先，要判断需求是真实存在的还是伪需求，需求应当源自客观实际，而非主观臆断。其次，要判别需求是否属于刚需。需求有真伪，而真实需求里也分刚性需求和非刚性需求（弹性需求），选择刚需作为产品接入点，能够减少前期项目风险和后期推广阻力。再次，要研究需求量是否够大，利润是否够高。无法规模化或是在一定规模后原地踏步，将随时面临玻璃天花板的威胁。除了从常识和公开数据出发外，借助网络上的各类排行榜、搜索热度等，也能对当下大众的需求风向作出评估。最后，要衡量需求的变现能力，在需求分析中寻找适合的市场机会，以此拟定产品风向和发展策略，寻求自身独特的盈利模式。

3. 用最小化可行性产品验证需求

在市场不确定的情况下，贸然倾尽全公司之力，投入资源大规模进入是不行的。验证产品方向是否可行，可以通过"更聪明"的方法来完成。这就是硅谷作家埃里克·莱斯（Eric Ries）在其创业学著作《精益创业》中提出的"最小化可行产品（Minimum Viable Product，简称 MVP）"概念。简单地说，精益创业是指开发团队通过提供最小化可行产品获取用户反馈，在此基础上持续快速迭代（或谋求转型），直至产品达到 PMF 阶段。

最小化可行产品是指将产品原型用最简洁的实现方式开发出来，过滤掉冗余杂音和高级特性，快速投放市场让目标用户上手使用，然后通过不断地吸取反馈，掌握有价值的信息，对产品原型迭代优化，尽早达到 PMF 状态。其中，"最简洁的产品原型"可以是产品界面的设计图，可以是带有简单交互功能的胚胎原型，甚至可以是一段视频、一个公众号。

用户反馈是指通过直接或间接的方式，从产品的最终用户那里获得针对该产品的意见。反馈的内容包括用户对产品的整体感觉、是否喜欢/需要某项功能特性、想要添加哪些新功能、某些流程是否合理顺畅等。对精益创业者而言，用户的反馈应当作为产品开发中决策的根本依据。

快速迭代是指要尽早发布，并针对用户提出的反馈以最快的速度进行调整，融合到新版本中。尽早发布意味着产品获得更好的时间窗口和机会，能更快地验证想法并发现错误的部分，避免隔靴搔痒和战略偏差。快速迭代则是鼓励开发者尽快将创意呈现在用户面前，而不是沉浸在闭门造车的节奏中。相比在实现产品前先口头向潜在用户宣讲你的创意，开发出的 MVP 能够用于实际演示和测试，有助于直观地被用户感知到，继而激发出真实的意见，帮助创业者尽早开启"开发—测量—认知"的反馈循环。

MVP 的优势在于节约成本、调转灵活，能够直观地被目标用户感知到，有助于激发真实意见。它并不意味着"便宜""难看"或是"核心功能残破"，而应是能帮助用户完成任务的最小功能合集。除此之外，对需要认知的内容没有直接帮助的一切功能或流程都应当暂时放弃。MVP 的目的并不是回答产品设计是否优雅、技术实现是否高效这样具体的功能问题，或是过度许诺未来将承担的重任，而是用于解答商业产品开发中最重要的两个问题：一是价值假设，这款产品是否能够满足用户的需求；二是增长假设，用户是否愿意为产品买单。

三、AARRR 转化漏斗模型及应用

"Growth Hacker"直译为"增长黑客"。如果我们将其拆开来看，"Growth（增长）"指的便是产品增长这一目标。增长的对象不仅包含用户量的增加，更囊括了产品生命周期中各个阶段的重要指标。根据不同阶段用户参与行为的深度和类型，可以将增长目标拆分并概括为 AARRR 转化漏斗模型，即 Acquisition（获取用户）、Activation（激发活跃）、Retention（提高留存）、Revenue

（增加收入）、Referral（传播推荐）。在这个漏斗中，被导入的一部分用户会在某个环节流失，而剩下的那部分用户则在继续使用中抵达下一环节，在层层深入中实现最终转化。

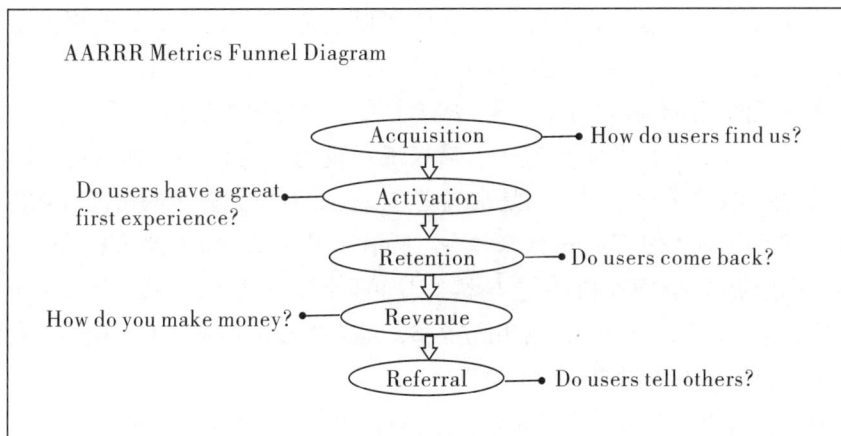

AARRR Metrics Funnel Diagram

- Acquisition — How do users find us?
- Do users have a great first experience? — Activation
- Retention — Do users come back?
- How do you make money? — Revenue
- Referral — Do users tell others?

图2　AARRR 转化漏斗模型（图片来源：slidemodel.com）

1. 让潜在用户首次接触到产品

获取用户指让潜在用户首次接触到产品，或者可以更宽泛地理解为"吸引流量""用户量增长"。其来源途径可能多种多样，如通过搜索引擎发现、点击网站广告进入、看到媒体报道下载等。

对"增长黑客"而言，能巧取捷径"抄快车道"固然爽快，但这也绝非常态，更多时候则要求创业者们沉下心来走近用户，完成一件件看上去费力又缓慢的"脏活累活"。那些在起步阶段稳扎稳打奠定下坚实基础的创业公司，通常都极其重视对早期用户的深耕细作，一步一个脚印地从最笨的事情做起，力争在这个阶段不断刷新对新用户的理解。

在创立聚美优品之初，创始人戴雨森在人人网上注册了一个女性马甲，假扮成具有多年 BB 霜使用经验的美妆达人，写了一篇软文告诉大家 BB 霜是什么，有多少种，如何判别优劣及选购等。这篇文章获得了几十万次阅读，当时顺着文末推广链接一路找来的顾客，为聚美优品贡献了几十万的销售额。

获得了早期用户之后，开发者会选择以接入第三方社交网络平台的方式，深挖关系链的潜力。比如唱吧、啪啪、抬杠、美拍等，它们得以迅速风靡的一个重要因素就是成功引爆了社交网络。2012 年年底，啪啪与腾讯 QQ 互联团队合作，接入了 QQ 登录，能够一键将有趣的内容分享到腾讯旗下的 QQ 空间和微博。如此便在降低开发成本的同时，使用社交账号登录能让用户的每一个行为被更轻易地分享到社交网络平台中，引起回流。

2. 引导用户完成某些"指定动作"

获取到用户后下一步是引导用户完成某些"指定动作"，使之成为长期活跃的忠实用户。这里的"指定动作"可以是填写一份表单、下载一个软件、发表一篇内容、上传一张照片，或是任何促使他们正确而高效使用产品的行为。

在互联网产品开发过程中，我们经常面临多种方案的抉择。例如面向大众的偏理性产品，主色调定位蓝色，最权威稳重而广为接受（如百度、Facebook）；强调安全的服务，绿色是常规之选。但面对更为复杂的情况，就需要通过 A/B 测试（A/B Testing）来解决。所谓 A/B 测试，简单来说就是针对想调研的问题提供两种不同的备选方案（比如两个下单页面），然后让一部分用户使用方案 A，另一部分用户使用方案 B，最终通过数据观察对比确定最优方案。A/B 测试的基本思想包括：

（1）通过两个方案并行测试。

（2）不同方案之间只存在一个变量，排除其他干扰因素。

（3）以某种标准判定结果优劣，筛出最优方案。

在产品设计中，A/B 测试常用于减少页面障碍、提升转化率、确定改版方案、新功能的小范围测试等。互联网产品中通过 A/B 测试改进产品的成功案例不在少数。例如，国外某开发者社区为了刺激游客注册成会员，在游客的默认头像中写上了"我爱 IE"这样戏谑的字眼——显然这是对有追求的开发者莫大的"侮辱"，这令他们不得不注册会员并更改头像，测试下来，注册转化率十分出色。Airbnb 曾测试过把"保存到心愿单"的收藏图标由星形改为爱心，结果仅凭这一改动就让心愿列表的使用率提升了 30%。

除了商业拓展，A/B 测试在总统选举上也功不可没。2008 年，负责奥巴马竞选数据分析的主管丹·斯洛克（Dan Siroker）测试后发现，原本在 Change 网站上放置的一段精心拍摄的选举视频虽然被寄予厚望，但实际效果远不如放奥巴马一家的全家福效果好，后者对选举支持率的提升比前者高出 40.6%，其价值相当于获得了 6 000 万美元捐款。

除了 A/B 测试，激发活跃的方法还有很多。例如利用巧妙的思路破除用户在功能使用中的障碍，降低活跃门槛；通过妥善运用补贴优惠在短时间内影响用户的单次决策，从而在更大的时空范围内逐渐引导和改变用户习惯；通过利用人类爱玩的天性，改造接触、沟通和参与过程，以游戏化的方式诱发参与者的内在激励并有效提升参与度；通过编写脚本开发"机器人"自动替运营团队模拟成用户来执行动作，就好像近年来微博中频繁出现的"僵尸粉"。

3. 维持产品价值与提高用户留存

在解决了用户的活跃度问题后，另一个问题是产品缺乏黏性。因此导致的结果是，一方面新用户不断涌入，另一方面老用户又迅速流失。程序漏洞、用户被频繁骚扰、话题产品的热度减退、替代产品的威胁都可能是引发用户流失的原因，而通常留住一个老用户的成本要远远低于获取一个新用户的成本，因此提高用户留存，是维持产品价值、延长生命周期的重要手段。

互联网产品的"留存用户"是相对"流失用户"的一个概念，如果说留存用户是指那些机缘巧合下使用了产品，并且留下来成为不断光顾且持续带来价值的人群，那么流失用户则是一段时间后兴趣减弱、逐渐远离直至彻底丢失的用户。一款产品必定存在流失用户，这是用户新老交替中不可避免的现象，但流失用户的比例和变化趋势能够说明产品满足用户的能力和在市场中的竞争力。实际上归根到底，真正的用户增长就是增长与流失的差值。

在激烈的市场竞争中，即便产品具备基本的可用性和传播上的噱头，如果某些性能指标存在瓶颈，也会令用户疏远。亚马逊的统计数据表明，网站的打开时间每多延迟 100 毫秒，就意味着多造成了 100 万美元的营收损失。因此产品的性能优化应当从一开始就纳入考量，建立良好的框架结构，并在后续储蓄维护、迭代改善。

对于小团队而言，追求核心功能的专精之余，还需要考虑到一个新的概念——有损服务。有损服务是指刻意输出在品质上存在某些损失的服务，目的是以此牺牲换取其他方面（速度、稳定性、成功执行的概率）的优化。例如在手机游戏产品中，手游的平衡性与服务的稳定性对于营收而言同样至关重要。手游《刀塔传奇》在每逢大版本更新时，尽量使用"低清版"资源以减小程序体积，虽然在视觉效果上不够精致细腻，却能有效提升用户活跃度。

4. 促成交易转化及盈利

商业主体都是逐利的，绝大多数创业者最关心的就是收入。即使是互联网时代的免费产品，也应该有其盈利模式。在互联网行业，除了直接向用户收费，还可以通过广告展示、业务分成等方式向其他利益方收取费用。

不知道你是否留意过这样的现象：某天访问电商网站 A 时，偶然发现了一件感兴趣的商品，尽管当时没有立即下单，但在日后访问其他网站 B 时不断看到这件商品的广告也再一次吸引了你的注意甚至是点击链接购买。这里"增长黑客"们就使用了一种叫作"重定向"（Retargeting）的在线广告技术。所谓重定向是一种针对浏览过网站的人群进行再次营销的广告方式。它能让用户曾经看过的广告再次展示在其面前，通过这种不断的提醒来强化品牌印象，并最终促成消费行为。

除了重定向技术，互联网思维也在收入增长中发挥了作用。传统电商的时代已经过去，微信电商的风口正在形成。为了探索在微信这一特定场景中的电商玩法，测试各种社交关系转化为销售流量的极限边界，2014 年夏天，资深媒体人、《罗辑思维》的创始人罗振宇联合杭州的口袋通微商城团队进行了一次试验——在微信上卖月饼。月饼本身具有连接人际关系的传播性，可依赖于用户在碎片化社交行为中不经意的分享和传播。因此团队先后开发了"多人代付""随机送礼""月饼节操榜"等功能，人们在参与中有了反复尝试的动机和理由，社群互动也变得更加热闹活跃。

5. 基于用户关系的病毒传播

社交网络的兴起促成了基于用户关系的病毒传播，这是低成本推广产品的全新方式，运用妥当将可能引发奇妙的链式增长。口碑的力量是无穷的，来自熟人的好评往往比高高在上的权威品鉴更具说服力。

在主流话语权呈现"去中心化"之势、自媒体纷纷崛起的时代，各家团队更加重视利用"病毒传播"来营造热点话题、控制舆论导向、引导主动传播，动员一切有生力量来为产品做宣传。这被验证是一种相对低成本且极具爆发力的增长方式。你在微博上看到有人喜不自胜地炫耀《雷霆战机》的高分截图、在邮件中收到一家新上线网站的内测邀请码，或是周末喝咖啡时听朋友眉飞色舞地描述自己如何用手机应用搞定跨境旅行，都是典型的病毒传播场景。这种以人际关系"信任"为纽带的传播，通常比商家的自卖自夸更具说服力。

Bug 营销便是病毒传播中一个巧妙的方式。2013 年 6 月 21 日晚，各大论坛、微博 QQ 群上出现了一条广为流传的消息："百度云网盘的支付系统疑似出现了重大 Bug，所有付费套餐的价格变成了原来的 1/1 000，1 毛钱就可以买一年会员，100G 最高等级套餐也只要 5 毛钱，快去抢福利啊！"一时间网民争相注册支付，这一精心策划的商业炒作成功引发了一场盛大的网络狂欢。

当网络热点爆发后，聪明的商家懂得借势营销，将产品的推广融入用户喜闻乐见的语境中，通过争夺用户的注意力加强自身的曝光和转化。2014 年 10 月 28 日，淘宝旗下的旅游频道更名为"去啊"，发布会上一并喊出的还有"去哪里不重要，重要的是去啊"的口号，矛头直指竞争对手去哪儿网。去哪儿网见状也不怠慢，率先吹响了反击号角，提出"人生的行动不只是鲁莽的'去啊'，沉着冷静地选择'去哪儿'才是一种成熟态度"，针锋相对，毫不示弱。随后，各家旅游网站就此展开一轮借势营销的文案大战。原本名不见经传的小网站，也在巨头的"互掐"中顺势露了一把脸。

四、机会与挑战

1. 复杂网络环境对数据挖掘提出了新的挑战

凯文·凯利在 1998 年出版的《新经济，新规则》一书中提出了大名鼎鼎的"传真机效应"：单独一台传真机是没有什么价值的，只有当它处于一个网络中时才能被赋予价值。随着以平板电脑、智能手机、智能设备为代表的移动终端的普及，新的社会关系和新的消费需求指引人们迅速进入了"多屏共存，跨屏传播"的信息互联时代，传统的营销模式难以满足受众与媒介之间多点双向的连接和互动需求。在快速移动的碎片化传播环境当中，新兴传播媒介一方面不断地分流受众，另一方面又为碎片化的时间、场景、信息接触提供了高度聚合的空间。因此，基于海量信息的用户洞察，与消费者进行动态的感知、发现、反馈和响应，便成为市场分析的关键。而从大数据及相关的数据挖掘技术出发，从海量的个体数据中获得消费者的行为轨迹、内容偏好甚至消费决策影响点，也成为营销策略制定的重要一环。

2. 基于用户动态的实时计算及精准定向

从信息接触到沟通互动，到转化交易，到体验分享，消费者行为路径变得更为开放和复杂，多线程沟通使得受众的注意力随之产生了大范围的迁移和扩散。例如，在基于计算广告的营销过程中，从前期调查到策划、制作、投放、反馈，再到效果测定的运作流程，本质上就是一系列算法模型组合演算的过程，其目的是实现广告主、用户和广告环境的最佳和最优匹配。在特定的算法模型下，将来源于媒体自身、广告本身和用户三方生产的文字、图片、视频等内容，运用重定向、实时竞价等智能投放技术，根据"目标用户和网页内容"选择特定的目标用户和区域精准投放用户，真正实现了基于用户动态的实时计算，甚至实现各种预测分析，获得更精准高效的投放效果。可以说，精准定向技术为营销方法的革新带来了新的可能，同时也使大量传统企业面临着更多的挑战。

3. 语义网络的构建及信息推荐技术的普及

网络信息浩如烟海，鱼龙混杂，人工识别和研判显得力不从心。如何利用计算机网络技术、人工智能技术和数据挖掘技术，对网络信息有效地挖掘和分析成为一个新的研究热点。近年来，信息检索、机器学习和数据密集型计算等领域的研究工作为网络信息获取及语义分析提供了技术支持。利用文本挖掘技术，可以及时有效地从互联网上发现并获取产品及品牌相关的评论和反馈，及时发现产品受追捧的原因或者存在的问题，并根据某些情感倾向性评论、重点帖子的表现及时地评估营销活动的效果。在语义分析的基础上，通过特征词向量描述得到资源内容对象的特征向量，同时收集网络用户的信息，建立符合网络用户的兴趣喜好模型，最后查找计算出满足用户兴趣喜好的资源集合，并根据资源集合发现用户的兴趣偏好，一步步实现海量信息资源和个性化需求高效匹配的问题。因此，语义网络的构建及信息推荐技术的普及为增长黑客营销创造了新的方向与机会，也为其带来了新的发展思路。

从乔布斯的 "禅者初心"
看中国商业思维的范式革命

朱海松[*]

在美国硅谷，禅修已经成为新的时尚热点，苹果、Facebook、谷歌等公司的禅修不只是单纯追求内心平和，更是积极追求卓越。2011 年开始，谷歌公司每两个月举办一系列的觉察禅修午餐，餐中除了禅修铃声以外，大家禁语。谷歌公司经常举办"搜索内心自我"的禅修训练。禅修与觉察禅修的课，在硅谷地区的高科技公司非常流行。在硅谷兴起的这股对东方信仰的兴趣，从近的追根溯源可以苹果创始人乔布斯的精神世界为代表，乔布斯创立的苹果开创了世界智能手机改变世界的先河，深刻地影响了我们的生活！他的创新精神和哲学信仰释放出这股改变世界的力量。

一、乔布斯的 "Stay hungry，stay foolish" 到底是什么意思

《互联网思维——独孤九剑》一书这样描述乔布斯："当下这场互联网革命和其背后的互联网思维，由产品经理这类人的思辨引发。最典型的产品经理，就是苹果公司的创始人乔布斯。他并非拥有真正伟大的物质发明，个人电脑和智能手机都不是他原创，他的伟大在于定了产品经理这个角色，并把互联网思维运用到了极致。"[①]

"Stay hungry，stay foolish" 这句乔布斯最著名的名言，广为人知的翻译是"求知若渴，虚怀若愚"。坦白说这个翻译没有传递出乔布斯想表达的思想，是不准确的。如果了解乔布斯的精神世界是如何修炼的，就会理解这句英语名言应译成"如饥似渴，抱朴守拙"更为恰当。

曾经有一位久经商场的成功企业家，在他的办公室里端正地挂着一幅字："初出茅庐"。有人问他这句话是什么意思。他说这句话可以时时提醒自己不要忘记刚出道时的青涩样子，不要忘记当初面对不确定的未来时那忐忑的心情，不要忘记对豪情万丈的理想充满热切期待的心境。不忘初心，方得始终！

---

* 朱海松，广东省南方人事科学研究院副院长，广东省广告协会新媒体专业委员会副主席。中国社会化网络新媒体研究的思想先锋，新媒体专家。

① 赵大伟主编：《互联网思维——独孤九剑》，北京：机械工业出版社 2014 年版，第 31 页。

第二部分 理念之峰：创新与变革

"Stay hungry"字面是指保持饥饿的状态，实质上是说要有一颗好学好奇的心，要如饥似渴地学习；但如果要有如饥似渴的学习心态，必须要有空杯心态，时刻清零，保持初学者的心态，抱朴守拙，叫"stay foolish"。这里没有大智若愚的意思，而是指要始终拥有一颗初学者的心态。

"禅境"的达成必须通过抱朴守拙的修炼。抱朴守拙出自《菜根谭》，抱朴一词，源见于《老子》"见素抱朴，少私寡欲"。"朴"指本真、自然，不加任何修饰的原始。"抱朴"即追求保守本真，怀抱纯朴，不萦于物欲，不受自然和社会因素干扰的思想。老子《道德经》里面还有"大智若愚""大巧若拙"。"守拙"就是守住自己的一份本真。抱朴守拙就是保持一颗"初心"，正如一个新生儿面对这个世界一样，永远充满好奇、求知欲、赞叹。如果我们了解乔布斯的禅宗修炼之旅，就能明白为什么该这样翻译。质朴无瑕，回归本真，这便是参透人生，便是禅宗。禅宗改变了乔布斯，而乔布斯则通过禅改变了世界。

乔布斯19岁时花了半年多的时间探寻印度教及个人启蒙，后来拜日本人为禅学师傅，影响了他极简的美学风格。乔布斯在一次演讲中说："禅学重视个人体验。我开始注意到比知觉及意识更高的层次——直觉和顿悟，这与禅的基本理念极为相近。""勇敢地去追随自己的心灵和直觉，只有自己的心灵和直觉才知道你自己的真实想法，其他一切都是次要。""我跟着我的直觉和好奇心走，遇到的很多东西，此后被证明是无价之宝。"禅宗帮助乔布斯找到了自己的初心，并从中汲取了巨大的灵感。禅带给乔布斯的是一种洞见本质的能力、对事物专注的能力、对简洁的热爱。乔布斯生前唯一授权传记作者艾萨克森评论说："禅修磨炼了他对直觉的欣赏能力，教他如何过滤掉任何分散精力或不必要的事，在他身上培养出了一种基于至简主义的审美观。"

禅宗主张从凡境切入，认为浅近的凡境是建立禅悟生命的基础。禅宗代表的是自然无为、本来无事的生活艺术。禅宗以"雁过长空，影沉寒水。雁无遗踪之意，水无留影之心"来表示"云去天无影，船过水无痕"的空灵境界。禅宗追求山居风物，淳和质朴，绝去机心。禅宗的终极关怀是"明心见性"。

禅宗的修习对乔布斯有着巨大的影响，启蒙乔布斯的是一本名为"禅者的初心"（*Zen Mind, Beginner's Mind*）的书。《禅者的初心》是日本禅宗大师铃木俊隆专为美国人写的英文入门读物。乔布斯通过阅读铃木俊隆的《禅者的初心》了解了禅宗，与铃木俊隆的助理乙川弘文一起静修体验禅宗。来自日本的禅师乙川弘文是影响乔布斯一生的灵魂导师。

铃木俊隆是禅宗五家之一的曹洞宗在日本的传人。曹洞宗是禅宗"一花开五叶"中的一脉，在江西创立。曹洞宗也推崇百丈怀海禅师的禅门清规，百丈建立了规范的中国禅宗丛林制度，把寺庙专门的念经坐禅，转化为劳动和生活，提倡"一日不作，一日不食"的农禅思想。百丈的师傅是中国禅宗史上的伟大禅师马祖道一，马祖道一的师傅是怀让禅师，怀让是禅宗的创立者六祖惠能的徒弟。

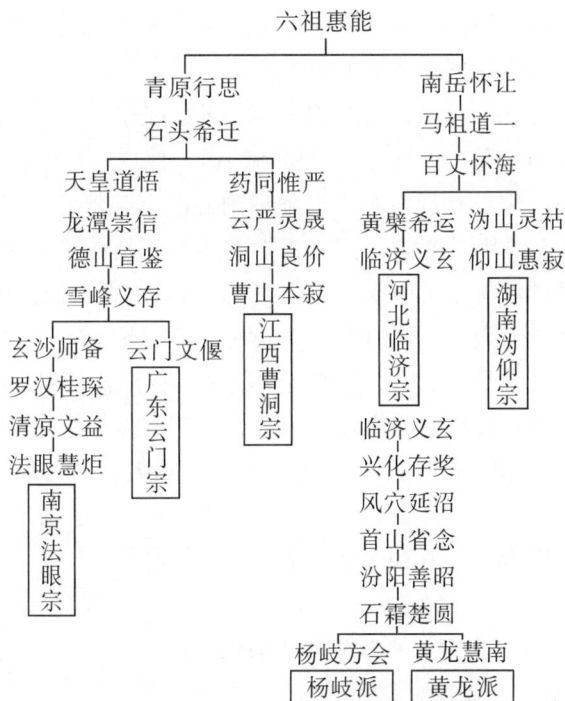

```
                          六祖惠能
          ┌──────────────────────┴──────────────────────┐
        青原行思                                      南岳怀让
        石头希迁                                      马祖道一
    ┌──────┴──────┐                                  百丈怀海
  天皇道悟    药同惟严                          ┌────────┴────────┐
  龙潭崇信    云严灵晟                        黄檗希运        沩山灵祐
  德山宣鉴    洞山良价                        临济义玄        仰山惠寂
  雪峰义存    曹山本寂                        ┌──┴──┐      ┌──┴──┐
  ┌───┴───┐      │                        │河北临济宗│    │湖南沩仰宗│
玄沙师备  云门文偃  │                        └──────┘    └──────┘
罗汉桂琛  ┌──┐  ┌──┐                        临济义玄
清凉文益  │广东│  │江西│                        兴化存奖
法眼慧炬  │云门│  │曹洞│                        风穴延沼
  ┌──┐  │宗 │  │宗 │                        首山省念
  │南京│  └──┘  └──┘                        汾阳善昭
  │法眼│                                      石霜楚圆
  │宗 │                                  ┌────────┴────────┐
  └──┘                                 杨岐方会        黄龙慧南
                                        ┌──┐          ┌──┐
                                        │杨岐派│        │黄龙派│
                                        └──┘          └──┘
```

乔布斯的禅宗信仰法脉追根溯源是江西曹洞宗（图摘自广东云浮西华寺 2013 年出品《六祖坛经》）

 禅者的心，应该始终是一颗初心，初学者的心态是行动派的禅宗。"Stay hungry, stay foolish"这句话正是通过"如饥似渴，抱朴守拙"的"初心"，激励人们保持一种永远好奇永远渴望学习的心态。禅要求人们放弃已有的知识和逻辑，用源自内心的感悟去解决问题。禅带给乔布斯的是一种洞见本质的能力、对事物专注的能力、对简洁的热爱。禅修磨炼了他对直觉的欣赏能力，在他身上培养出了一种基于至简主义的审美观。乔布斯的一位朋友说："禅宗对他的影响非常深。这一点你可以从他极简主义的美学观点和执着的个性上看出来。"

 乔布斯凭借"借助人们迷恋消费和物质的享受的弱点，把宗教和商业结合起来"的信念，利用禅宗思想指导自己的产品理念，推出一系列产品，

第二部分 理念之峰：创新与变革

iPod、iPhone、iMac、iPad 等，共同的也是最鲜明的一个特点，就是简约，直指人心的简洁。最直观的外观、最简单的操控方式、最人性化的功能设计。这归之于乔布斯的禅宗的直觉。乔布斯相信通过内心的明悟，能够找到一条终极的产品之道。

乔布斯不是一个技术极客，他更多是一名技术的体验者、想象者和悟道者，这使得他能站在硬件与软件、技术与艺术、科技与人文的汇点上创新，从而取得比那些纯技术的创新者更大的成就。

"Stay hungry, stay foolish（如饥似渴，抱朴守拙）"，乔布斯用这句话激励奋发向上的人们。乔布斯从禅宗中得到顿悟，他说："如果今天是你人生在世的最后一天……你没有理由不去追随你内心的召唤。"乔布斯说过："佛教有一句话，叫作初学者的心态，拥有初学者的心态是件了不起的事情。"乔布斯在斯坦福大学的演说中告诫年轻人："你们的时间很有限，所以不要为别人而活。不要被教条所限，不要活在别人的观念里。不要让别人的意见左右自己内心的声音。还有最重要的是，你要有勇气去听从你直觉和心灵的指示——它们在某种程度上知道你想要成为什么样子，所有其他的事情都是次要的。"这正是禅宗思想中"认识你自己""明心见性、直指人心"的最好诠释。

二、苹果广告：Think Different（不同凡响）

> 向那些疯狂的家伙们致敬，
> 他们特立独行，
> 他们桀骜不训，
> 他们惹是生非，
> 他们格格不入，
> 他们用与众不同的眼光看待事物，
> 他们不喜欢墨守成规，
> 他们也不愿安于现状。
> 你可以赞美他们，引用他们，反对他们，
> 质疑他们，颂扬或是诋毁他们，
> 但唯独不能漠视他们。
> 因为他们改变了事物。
> 他们发明，他们想象，他们治愈，
> 他们探索，他们创造，他们启迪，

他们推动人类向前发展。

也许，他们必须要疯狂。

你能盯着白纸，就看到美妙的画作么？

你能静静坐着，就谱出动听的歌曲么？

你能凝视火星，就想到神奇的太空轮么？

我们为这些家伙制造良机。

或许他们是别人眼里的疯子，

但他们却是我们眼中的天才。

因为只有那些疯狂到以为自己能够改变世界的人，

才能真正地改变世界。

　　"Think Different"（不同凡响）广告是苹果公司在乔布斯 1997 年回归苹果后拍摄的广告，在长达一分钟的广告中描述了爱因斯坦、甘地、毕加索、马丁·路德·金、鲍勃·迪伦、约翰·列侬等"不同凡响"的人，文案"致那些疯狂的家伙"句句铿锵有力。史蒂夫·乔布斯（Steve Jobs）曾评论这则广告时说："我们只用了 60 秒，就重建了苹果曾在 90 年代丢失了的反传统形象。"乔布斯第一次看到这个广告文案时热泪盈眶，不能自已。他亲自为这部广告配了音，在他生前人们并不知道有这一版本，乔布斯去世后，他的配音版本广为流传。这则广告文案充分表达了乔布斯的心声：改变世界！做不同凡响的人！完全是他本人的真实写照。乔布斯正是通过他的苹果系列产品，真正地改变了世界！iPhone 手机引爆了移动互联网热潮，并从根本上改变了传统的商业模式，在中国引发了互联网思维带来的商业变革，乔布斯不仅是伟大的企业家，也是伟大的艺术家和革新家。乔布斯改变世界的信念激励了无数的创业者，乔布斯的产品理念和不同凡响的气概是人类精神财富的宝贵遗产。这个广告甚至被誉为百年内最伟大的广告。

三、美国垮掉的一代与禅文化

　　"On top of Cold Mountain the lone round moon; Lights the whole clear cloudless sky."这是 1958 年美国诗人加里·施奈德翻译成英文的中国唐代伟大禅师寒山的诗句"寒山顶上月轮孤，照见晴空一物无"。

　　二十世纪五六十年代，是美国战后的黄金时期，一片生机勃勃，中产阶级逐渐成为社会的中坚力量。那些经历了战争的父母们，苦心经营，为他们的孩子规划着美好的未来。未曾想到，孩子们却以摇滚乐和迷幻药来进行反抗，极度丰富的物质，让美国青年感到迷茫，冷战、越战让他们对美国社会和现代文明感到绝望。他们用超常规的行为来进行反抗。我们难以想象，这些曾经被认为是美国社会边缘的"垮掉的一代"中的一些代表人物，却奉中国唐代诗僧寒山为精神领袖。这些人不仅游历东方，研究佛教，还有人真正信奉禅宗，禅定苦修。这"垮掉的一代"和禅宗思想如何结缘？当西方的困惑遇上了东方的智慧，会产生什么样的火花呢？

　　1957 年，一桩与诗歌有关的淫秽诉讼案在美国旧金山闹得满城风雨，垮掉派的代表人物艾伦·金斯伯格狂放而愤怒的长诗《嚎叫》被告上法庭，理由是语言污秽，伤风败俗。这首后来被认为是美国文学史上杰作的诗歌描述了美国"垮掉的一代"迷乱而极端的生活，这首长诗抨击了美国社会的物质至上主义，也描写了美国青年的颓废生活方式。它成为金斯伯格和他的同时代人的里程碑。翻开《嚎叫》，透过那些荒唐的行为和可笑的呐喊，你也许能隐约看到他们对禅宗的兴趣和未来归隐的可能。艾伦·金斯伯格被奉为"垮掉的一代"之父，20 世纪 60 年代到亚洲研究佛教。1968 年，流行音乐的巨星披头士乐队去印度修习冥想，被媒体广泛报道，也引发了西方人对超验冥想（transcendental meditation）的兴趣。许多年轻人的世界观或多或少与东方哲学宗教联系在一起，禅修的冥想开启了现代西方青年人不断求索智慧之道。

　　早在 16 世纪以来，禅，特别是中国禅和日本禅的观念就经由西方传教士和冒险家的叙述，被作为某种神秘主义和静默主义的传统进入了"西方的想象"（western imagination）。20 世纪西方禅学研究的兴起，实际所反映的是西方人对于自身文化的一种反省。禅学在西方一开始似乎就进入了一种更大意义上的文化空间，就是说，被叙述为反制度性和重内在经验的禅，并没有以古典学术的严谨方式登场，而恰恰是以超理性、非逻辑和非历史等反常规学术的意趣，融入西方当时流行的对理想主义的反省思潮中，弥补了西方理性哲学所留下的空缺之场。比如禅与基督教的"对话"，也促成了像"基督禅"（christian zen）这样观念的产生。①

　　而 20 世纪，同样被看作是佛教传统中的禅宗，却恰恰在反知识主义的诠释中获得了广泛的同情。著名的、被认为是让西方人真正第一次触及禅之精神的日本禅宗大师铃木大拙就在这样的背景下，漂洋过海，以多少已经西方化的概念，将日本式的禅学带到美国，向西方广泛推荐了他所说的具有无限性的、只有东方精神才能够"洞穿"的禅宗观念。他于 1950 年到 1958 年在美国各个大学讲授禅学，"垮掉的一代"就这样与禅宗思想不期而遇。美国在 20 世

────────────

① 龚隽、陈继东：《中国禅学研究入门》，上海：复旦大学出版社 2009 年版，第 199 页。

50 年代通过日本，特别是铃木大拙的作品了解禅宗。1930 年起，铃木禅学作品的出版在西方被称作是"一伟大的思想事件"，甚至有人把他英文禅学的出版与西方 13 世纪和 15 世纪翻译亚里士多德和柏拉图的作品相提并论。[①] 铃木的写作赋予禅的思想一种"哲学的形式"，铃木大拙向美国人介绍禅宗时，特别有讲到禅宗的反制度、反理性、反逻辑等，就是当时西方人的那套观念，这刚好与当时"垮掉的一代"反主流的思潮不谋而合。

被铃木所解释的禅，让西方人在历史的连续性和文化多元主义的痛苦现实中发现了憩息之地。禅作为反历史和反知识的直接性经验，被认为是可以省略掉理性哲学那套烦琐"本体推论的问题"，瞬间触及生命的本源。[②]

铃木大拙在美国掀起"禅宗热"，还在无意间激活了一位中国唐朝诗僧寒山大师的作品生命力，唐代大诗人杜牧曾写过脍炙人口的《山行》一诗向他的诗僧朋友寒山致敬："远上寒山石径斜，白云生处有人家。停车坐爱枫林晚，霜叶红于二月花。"1958 年，美国诗人加里·施奈德发表了自己翻译的二十四首寒山诗歌，其译诗中所反映的禅悟境界与"垮掉的一代"的精神追求相契合而被"垮掉的一代"这一青年群体所接受。

寒山诗在美国社会被接受的很重要的一个原因就是加里·施奈德的英译寒山诗。他的译诗因为忠于原文而被学术界所接受；更因为符合美国自新诗运动以来开创的意象，并符合开放自由的诗学传统和由此沿袭下来的审美习惯而被诗人群体所接受。

当美国的年轻人接触到加里·施奈德翻译的寒山诗的时候，他们的渴望与追求在施奈德的英译寒山诗中找到了归宿，被其中"物我一如"的圆融境界深深吸引，使他们更易于接受寒山诗。禅宗主要是指明一条回乡之路，是一种精神的智慧结晶。加里·施奈德翻译的二十四首寒山诗一经出版，即在美国掀起了一股"寒山热"，并逐渐形成一股历时近十年的崇禅飓风。二十世纪六七十年代，许多美国大学校园中那些蓄了长发、光着脚的嬉皮士学生，他们崇拜寒山，因为寒山这个人和他的诗颇富嬉皮气质。"寒山热"的迅速出现，主要与寒山诗的传播媒介即英译寒山诗被接受有直接关系。受施奈德的影响，垮掉派作家杰克·凯鲁亚克不仅将自己的一部小说命名为《达摩流浪者》，还在卷首语中写到，谨以此书献给寒山子。

美国的禅宗主要有三支：临济禅、曹洞禅、临济与曹洞合禅。现在，美国几乎所有的大城市都有禅修中心，或办有禅宗学院。坐禅的风气遍及北美、南

① 龚隽、陈继东：《中国禅学研究入门》，上海：复旦大学出版社 2009 年版，第 194 页。
② 龚隽、陈继东：《中国禅学研究入门》，上海：复旦大学出版社 2009 年版，第 196 页。

第二部分　理念之峰：创新与变革

美，形成了一股"禅学热"。

　　欧美之所以掀起禅宗热，是同工业化社会的激烈竞争和机械化的社会生活密切相关的，由于人的自由发展的本能受到压抑和猛烈冲击，使人与自然、人与社会、人与人之间失去了平衡，深感到人在所处的社会环境中有被物化的可能，加之西方文化的过分理性化，桎梏着人们的精神，对于许多问题都无法得到令人满意的解释。生活节奏的不断加快，工作的负荷越来越重，人们疲于奔命，名利场又摆脱不了，使心灵得不到安静。不管是往昔的战争或是今天的局部战争，都在人们的心灵深处隐隐作痛，必然要寻求一种有效的方法来抚平心灵的创伤。从传统的基督教、天主教中似乎找不到良方，人们悲叹"上帝死了"。只有从东方神秘主义中去寻觅，也许在那里有一片"净土"。因此，禅便成了西方人青睐的一剂"灵丹妙药"。人们并不计较与惯常的知性相悖，更重要的是通过禅的实践能达到调剂身心，使之得到一种极度的轻松愉快，那就足够了。

　　受到禅宗文化熏陶的 20 世纪 60 年代美国波普艺术大师安迪·沃霍尔的一句名言"每个人都能流行 15 分钟"成为当下网络时代的传播宣言，是移动互联网时代互联网思维下的重要传播理念与哲学。

四、互联网思维的体用之道

　　互联网思维的体用之道是指："体"代表哲学上的"本体论"，以"用"代表"实践论"。互联网思维的形成经历了工具论、渠道论、思维论，互联网的工具论是"线下为体，线上为用"的，互联网作为一种大规模传播的工具被使用，以门户网站为代表；渠道论仍是"线下为体，线上为用"，以电子商务为代表，互联网思维催生了商业民主化的时代，电商时代逐渐使互联网全面渗透到传统商业模式的基因中，显示出"线上为体，线下为用"的全新商业模式。互联网思维再上升为哲学范式，即互联网思维。互联网 20 年前在中国刚出现时，和现实世界间隔着咫尺天涯。而这个虚拟世界一旦与现实世界结合，在认识上把人们的一个世界分成了两个世界，虚拟世界与现实世界，两种世界的形成，重塑着人们的世界观。两个世界的思维冲突，被总结为：一个是"工业化思维"，一个是"互联网思维"。

　　工业思维的 1.0 时代，没有互联网，没有线上与线下的观念，只有上级与下级的关系。人们的商业世界观中只有一个世界，即现实的世界。现实世界的一切做法是约定俗成的，锤炼了百年的工业化思维。工业化思维是一种线性思维，是流水线，是秩序，是大规模标准化生产，是层级的组织结构，是大规模的单向传播。没有互联网，人们按部就班，相安无事。

2.0时代，有了互联网，形成了两个世界：现实世界与虚拟世界。人们对互联网的认识是工具与渠道的"线下为体，线上为用"。3.0时代，移动互联网时代，线上与线下融为一体，虚拟与现实重新成为一个整体世界。人们对互联网的认知变为"线上为体，线下为用"。移动互联网的出现，重新定义了互联网的内涵。人们发现，原来真正意义上的互联网是移动互联网！移动互联网激发了互联网的所有潜能。移动互联网使人们对互联网两个世界的认识，虚拟世界和现实世界，重新回到了一个世界的认识，即网络世界，移动互联网"连接了一切"，世界又回到了一个整体。移动互联网时代真正实现了虚拟与现实的结合。这使得"线上为体，线下为用"的商业思维模式出现，快销领域大规模传统的销售门店关闭，大规模新兴的线下体验店出现，就是这种思维方式下的体现。在"线上为体，线下为用"的思维模式下，线上与线下已融为一体，线上即是线下，线下即是线上！O2O和SOLOMO等商业模式的出现，把传统认知的线上与线下两个世界融合为一个世界，这里面首先就是互联网思维的本体论认识。

移动互联网颠覆了互联网上曾经流传的那句名言：网络上，没人知道你是条狗。人性化、个性化、用户至上、粉丝经济成为互联网思维在商业上的重要内容。在中国，以互联网为引擎的新经济模式已经成型，先进的商业模式思维正加速淘汰落后的传统思维方式，互联网思维的大行其道正逢其时。

哲学本体论下的互联网思维发展简史

时代特征	世界观	思维范式	商业哲学本体论
1.0时代 前互联网时代	一个世界：现实世界 约定俗成的观念	工业化思维：控制 秩序与按部就班	传统商业，体用结合 大规模的单向传播 大规模标准化生产
2.0时代 互联网时代	两个世界：现实 世界与虚拟世界， 线上与线下	工业化思维：效率 是对传统的升级	线下为体，线上为用 大规模标准化生产 互联网是工具与渠道
3.0时代 移动互联网时代	整体世界：虚拟 现实连接一切， 线上与线下的融合	互联网思维：失控颠 覆传统，开放，平台化， 去中心化，自组织	线上为体，线下为用 大规模个性化定制 互联网是范式与哲学

互联网正在推动中国的各行各业处在创新变革的氛围之中，需要思维的变革、模式的变革。当互联网以更深地渗透到人们的工作和生活中去为目标时，当人们开始寻求用互联网来对社会做出改变时，人们发现当前思维已经不能解决当前问题，因为当前问题是当前思维的结果。必须要在思维上做出改变。

五、理解禅宗不一定理解互联网思维

理解禅宗不一定理解互联网思维，理解互联网思维也不是非要通过禅宗这条途径，本文要强调的是禅宗提供了理解互联网思维的一个维度。我们通过禅宗把印度佛教中国化的历程可以看到中国人思维方式的根本变化。理解禅宗只是我们认识自己的一种方式。中国的企业家们通过实践，首先把互联网当作工具和渠道来改造自己的商业模式，直到移动互联网时代发现，互联网的社会实践不仅改造了我们的商业模式，还彻底变革了我们的思维方式，它的思想历程既是外在的，更是内在的。禅是活泼的，一扬眉一瞬目，一投足一言笑，都充满禅的风光，移动互联网时代火热的"大众创业、万众创新"难道不是吗？

禅的核心理念是"否定"与"超越"，不断否定自己和超越自己就是禅修，禅宗那极度个人化的"内在的体验"与"内在的超越"，正在变成整个社会思潮的"内在超越"。虽然禅宗有"渐修"与"顿悟"之说，但没有"渐修"很难"顿悟"，"顿悟"也是需要过程的，"渐修"就是学习。惠能大师认为"不悟即佛是众生，一念悟时众生是佛"，"万法尽在自心中，顿见真如本性"，是指佛与众生的差异只在迷悟之间，但同时强调："法即无顿渐，迷悟有迟疾"；"迷闻经累劫，悟在刹那间"，指出"法即一种，见有迟疾"，"法无顿渐，人有利钝"。有的人看了凯文·凯利的《失控》一书热血沸腾，有的人看过之后无动于衷，一脸茫然。由迷转悟有量变积累的过程，顿悟与渐修的关系。禅修就是在体验中学习和领悟，互联网思维的体悟更要不断地学习和不断地自我超越。

禅本身就是以体验为核心的，是不可言说的，冷暖自知的，其核心理念非常简洁，通俗易懂，《六祖坛经》里讲得明明白白，但是禅的形成历程和发展演化，清楚地告诉了我们把复杂问题简单化是最复杂的！需要体验与顿悟，互联网思维看不见摸不着，但实实在在地影响着传统商业模式，它的存在，是通过工具、渠道的显现，逐渐上升为我们对事物根本看法的改变！互联网思维是互联网精神在中国20多年的伟大实践后结出的智慧之果，互联网思维是互联网精神的平等、开放、互动、迭代、演化后的一次质变！对于互联网思维的体悟是需要内在超越和顿悟的！

禅宗从哲学层面启发我们对互联网思维的理解。互联网思维是中国人发明的思维革命，这种思维革命正以其强大的生命力席卷所有行业，也使中国政府从政策高度制定"互联网＋"行动计划。

一些有识之士认为，我们现在还远远没到批判互联网思维的时候，因为目前全球经济依旧被传统制造业所统治，目前像小米手机、乐视电视、Roseonly等这些新型商业模式，不过是广袤草原上的星星之火，还处于野蛮生长的初始阶段。有道无术，术上可求；而有术无道，则止于术。有没有互联网思维的这个"道"对于理解"互联网＋"将会有天壤之别。

六、禅定与互联网思维

现代著名思想家梁漱溟先生说："思想高下视乎禅定，禅定高下视乎思想。"移动互联网的发展迭代周期不断地被压缩，让人们喘不过气来，要洞察这喧嚣背后的规律，更需要像中国儒家思想提供的智慧那样："知止而后有定，定而后能静，静而后能安，安而后能虑，虑而后能得。"（《大学》）这对我们理解纷乱复杂的互联网思维下的各种应用是有启示的。而这种"因定而生慧"的人生体验在中国禅宗哲学这里得到了淋漓尽致的发挥。

禅宗修持以定慧一体为特色。定与慧的关系："定是慧体，慧是定用。"定慧一体，由定发慧，定是慧的体，慧是定的用。即慧之时，定在慧；即定之时，慧在定。禅学"入定"所起到的功效之一，是点亮心灯，照亮我们的本来面目，禅学中那电光火石般的瞬间闪耀，将人从直觉的辉煌中带入"性空"的澄明，从而清晰地认知万物互联的色空关系。智，需要悟性，慧，则需要体验。外离相为禅，内不乱为定。禅定互联，就是让我们在禅定中洞见互联网思维下的自然法则，能够运用禅定的方法而品味"定中生慧"的感悟，从而真正把握互联网体用之道的精髓，顿悟出"互联网＋"时代"自性能生万法"的内在体验。

禅者的修证，不重成佛，重在开悟。千年暗室，一灯自明。伟大的乔布斯通过自己的创业及人生历练和对人性洞察的个人体验，把握了"因定生慧"的禅学大义，通过更深邃的入定式的"沉思"，也就是在"禅定"的观照中去创造出了一个带有明显禅化内涵的系列产品和商业哲学。由乔布斯引爆的所谓互联网思维，可以说是一种经由禅定而领悟的禅学化的移动互联网应用哲学。互联网思维的真谛，可以在禅定中建立起来，因为禅定中没有任何法则，也不承认任何真理的绝对权威性，更没有各种知识体系的束缚，互联网思维的提出是创造性的。

中国人早就清楚地体味到，在禅定的沉思中，不仅可以清晰地再现、把握直觉体验中产生的真相，更重要的是能够正确地予以经验性归纳判断和理性的演绎推论。就是在这种禅定的澄明之中，才能理智地把握到互联网思维的真谛。所以，在理解互联网思维的商业模式应用中，需要这种"入定"式的"沉浸"中的"沉思"。在这种"澄明之境"的"沉思"中，才是一切发现的活力源泉。

互联网思维本身是哲学式的，而理解互联网思维的方式可以是禅学式的。哲学是爱智慧，是人们对所感知的事物中获取的日益完善的知识。禅学是从人是宇宙终极本体最积极的存在与实现方式上，去促动人自醒、自觉，从而明了人之历世、存在的意义，以使人最终把握到人生的价值，通过禅的否定与超越，禅定的功夫可以强化对互联网思维的把握与感应。所以禅学的本质是以人为本的、内在超越的、积极向上的。

李善友教授在他的《互联网世界观》一书中提出："如果我们认为互联网将会深刻地改变我们的社会和生活，把我们带入互联网时代，那么在互联网时代，有哪些科学是互联网思维的底层逻辑呢？"他试图从科学哲学角度来探讨这一问题，这一角度是对互联网思维的高维度探讨。奥地利哲学家石里克说："哲学使命题得到澄清，科学使命题得到证实。"为什么强关系可以销售，弱关系可以传播？为什么自媒体的产生可以成为可能？为什么自媒体的传播威力如此之大？为什么社群可以成为商业模式？为什么口碑可以成为传播风暴？为什么追求极致可以至大无外，至小无内？基于网络传播的所有事实，其背后有着什么样的不为人关注的传播机理？

如果以小米等为代表的成功企业讲述互联网思维是从商业哲学上由表及里的总结，那么由内向外、由里及表的阐述，是从科学哲学的角度谈论互联网思维。用商业哲学下的互联网思维语言表述就是自媒体、大规模的传播效果、口碑效应、极速、粉丝经济、社区效应、我就是媒体、社群电商、O2O、SOLO-MO，等等。科学哲学下的互联网思维表达就是自组织、幂律分布、蝴蝶效应、六度分离、无尺度、初始条件敏感、混沌与分形，等等。哲学就是思维，就是方法论，互联网思维也一定是哲学，关注商业哲学的同时，如果能了解其背后的本质，科学哲学，对深入理解互联网思维是非常必要的。

数字营销传播为品牌注入智慧基因

谷　虹*

大约6亿年前，绝大多数无脊椎动物在短短2 000多万年的时间内"同时""突然"出现了，这被古生物学家称为"寒武纪生命大爆发"。学者们认为，这是由于地球温度不断升高引发地表地貌和气候环境变迁、生物繁衍和进化加速等一系列连锁反应，最终出现了生命大爆发。

事实上，品牌今天所处的时代与寒武纪并无二致。

一场数字营销传播技术的完美风暴正在拉开序幕：物联网、云计算、大数据、增强现实、体感互动、位置定位、社交网络、UGC、RTB、HTML5、3D打印、全息影像、眼球识别……这是一个由信息革命带来营销传播环境变迁、商业生态演化的大变革时代，也是品牌向生命形态进化的关键时刻。只有最敏锐的人才会察觉到：一个全新的品牌时代即将来临。

一、品牌生命大爆发

如果某个实体表现出以下任何一种特性，它就具备自主性：自我修复、自我保护、自我维护、自我控制、自我改进。就品牌而言，社会化媒体赋予了它自我修复的能力，UGC用户生成内容赋予了它自我改进的能力。大数据、云计算使品牌监控的自动化、智能化成为可能，这是自我维护的典型表现。RTB精准投放、位置定位、物联网又为品牌的自我控制提供了基础。

营销传播的历史必将被改写。营销传播的目的不再是为品牌做推广，也不是管理品牌和创意，因为事实上你已经无法管理也不可能主导。在这种情况下，最明智的选择是把生命的基因注入品牌，赋予品牌以智能和智慧，让品牌像人一样会交流、会学习、会成长、会创造，有情感、有喜恶、有关系，让品牌以有温度的生命形态与消费者共存共生。

品牌从原始的前智能阶段进化到高级的智能阶段，从无生命的物化形态进化到有生命的有机形态，这无疑是一个激动人心的时代，却又是一个残酷无情的时代。正如自然界的优胜劣汰、适者生存法则，品牌的进化是一个自然选择

* 谷虹，暨南大学新闻与传播学院副教授、院长助理，网络与新媒体专业主任，新媒体与传播生态研究中心副主任。

第二部分　理念之峰：创新与变革

的过程：无论过去多么辉煌，无论历史多么悠久，大批不能进化为智能品牌的原始品牌将在市场上消亡，取而代之的是一批具有生命特质和智慧基因的品牌，它们会快速成长、壮大，从而统治整个市场。

未来将是"智慧的品牌"的时代。

二、智慧的品牌

当营销传播中的品牌超越了简单具象的商标、口号、行为规范，超越了复杂抽象的精神、价值观、情感和关系之后，真正具备智能、智慧和生命力的品牌是什么样的呢？

1. 什么是智慧的品牌

要描述未来世界中的品牌和数字营销传播，无疑需要具备一定的想象力。

（1）智慧的品牌将是技术的，也是生命的。一旦品牌的智能系统被启动，它的生命基因将由此被激发，从而开启从纯技术形态向技术与生命共生形态演进的伟大历程。

（2）智慧的品牌好比由存储在亿万普通消费者头脑中的离散的、非记忆的碎片汇总起来而从中涌现的事物。这些关于品牌的"半意识碎片"没有集中和固定的位置，它们随机分布在大众的大脑中。品牌的每一次亮相或呈现，在空间与空间之间会有所不同，在上一次与下一次之间也会有所不同。简而言之，品牌是半意识碎片在社会大众头脑中的分布式存在，任何人都可以改造它，却没有人可以完全控制它。当品牌进化到与人类协同共生的阶段，品牌将获得永生。

（3）智慧的品牌是一个连接生产力和消费力的智能系统，海量供需信息通过品牌智能系统实现实时匹配、交换、调适，生产能力与消费需求互为因果，往复循环。从这个意义上说，未来的品牌就是社会经济的总开关，它以高超的智慧、嵌入生命的独特方式实施对人与物，以及所有社会资源的调度。

（4）智慧的品牌将从创意策划、品牌咨询等专业精英的头脑中挣脱出来，成为可以自我管理、修复、成长的自主生命形态。如果真的到了那个时候，营销策划和创意人员还能够做些什么呢？对营销策划和创意人员来说，以前是操纵人偶，现在却有能力去唤醒一头神兽——尽管可能会失去对它的控制，但这难道不是一件很酷的事情吗？人和神兽的关系也许并没有想象中那么糟糕，不过人类确实应该学会后退一步，与品牌协同管理，而非全盘操控。

2. 智慧的品牌的发展阶段

正如生命的进化是一个连续跳跃的过程一样，品牌生命的进化有三个相互关联但具有显著差异的发展阶段，它使我们得以清晰地了解前智能品牌向智能品牌发展的演进路线。

三、品牌智能源于万物联结

品牌智能是指信息技术赋予品牌的生命特质和智慧基因，它为数字营销传播的理念和实践带来了全新的维度和空间。

品牌的生命特质和智慧基因来自哪里？来自未来的联结。

一种联结是人与人的联结，通过尽可能多的方式将每个人与除他自身之外的所有人联结起来。另一种联结是客观世界和机器的联结，它的实现依靠的是无处不在的传感网络和数目庞大的机器。在此，无论是人类、机器还是世间万物，都是节点，都能产生信号。

未来的联结是由所有的人类智能及所有的人工智能联结在一起所形成的活跃的杂合体，它是一种泛智能。语义互联网是指人类的联结活动能被机器识别（反之亦然），这样两个网络之间就可以协作。人类的思想、动作、记忆都能进行机器解码并重新组织，而机器的联结行为也能被人类所理解。这就是 Web 3.0 或者未来网络应该具备的特性。

智能品牌正是语义互联网的产物。智能品牌所触发的一切广告活动将与我们今天所谓的广告有本质的区别。《互联网周刊》的主编姜奇平曾生动地描述了未来广告的图景：你走在大街上，低头系鞋带，发现鞋带断了，这时突然脚前的砖亮了，上面显示你右前方 50 米的第一个柜台有匹配你这双鞋的鞋带。

实际上，语义网会使每个网页都成为这样一块智能的广告砖。当你打开手机 Check in，开放咖啡数据 0.001 秒，根据每个人手机私有云上独一无二的数据计算结果，某个咖啡智能品牌直接告诉你："我知道你，你是我们的常客。你今天下午要开个会，而今晨 5 点才睡觉，需要 2 袋特浓咖啡。"这是一则只属于你的广告。让同一个产品的广告对每个人的内容和意义都不一样，这个超级难题只花 0.000 001 度电的成本就轻松实现了。未来广告的核心变化方向，是从现在每个人看同样内容的广告演化为每个人看独一无二的专属内容的广告。语义网之所以重要，就在于它使内容从"死"的（无标记的）变为"活"的（有标记的），从难以加工出有意义的（非智慧的）变为容易加工出有意义的（智慧的）。

1. 品牌智能 1.0

品牌智能 1.0 的核心可归结为"生命特质"，目的是为品牌注入具有生命力的活性特质，使品牌像人类一样具备基本的生理机能和生物属性，是品牌的人性化阶段。形象地说，品牌智能 1.0 就是智能品牌的婴幼儿期，能跑会笑，可以进行简单的互动和反馈。

与品牌的交互怎么可能产生与人类一样的感知呢？在信息技术的世界里，没有什么是不可能的。一家企业的实验室为一群 7 岁的孩子植入虚拟记忆，让他们相信自己曾与海豚一起游泳，这些孩子甚至能回忆出浑身湿透的场景。新加坡的艾德利恩·切克将爱情与机器人结合，设计了"热吻信使"设备，这是一对用来远程接吻的塑料嘴唇，可根据你和恋人的嘴唇预先成型、匹配，并通过互联网激活。这种设备能够将虚拟的交互行为转换为活色生香的真实体验。在日本，一名男性与一个性感撩人的虚拟形象结了婚。

今天，技术赋予我们许多新的交互和感知能力：我们能够改变对现实的感知，构建多重自我表征，与虚拟代理和机器人建立关系。利用这些技术，品牌可以成为有血有肉的"人"。

2. 品牌智能 2.0

品牌智能 2.0 的核心可归结为"社会属性"，目的是赋予品牌以情感、记忆、身份、角色，使品牌进入特定消费者的朋友圈和社会网络，是品牌的社会化阶段。形象地说，品牌智能 2.0 就是智能品牌的青少年时期，开始学着与他人交往，融入社会，建立关系。从这个时候开始，品牌作为一个社会人的特质将不断丰满，它与每一个人的交互都具有特殊的意义，它的社会性格正在逐步养成。

品牌可以用人的角色与消费者成为真正的朋友吗？消费者会向品牌透露心声、与品牌无所不谈吗？这不是想象，而是已经发生的现实。在品牌社会化方面，杜蕾斯比其他人走得更远。"小杜杜"不仅是杜蕾斯微博和微信的昵称，还是杜蕾斯品牌的人格化身。这边，"小杜杜"在微博上充满趣味和幽默感地嬉笑怒骂；那边，"小杜杜"在微信平台开展了有趣的"午夜陪聊"服务，即便在午夜 2 点，它都可以陪你"谈性说爱"。杜蕾斯的社会化营销团队无疑是出色的，然而面对成千上万的消费者一周 7 天、一天 24 小时的聊天需求和个性化互动，100% 真人一对一的应对并非长久之计。因此，我们所谓的"品牌人性化"，并非真人团队的一对一服务，而是以人工智能、语义分析、大数据技术为支撑，为品牌打造专属的智能交互机器人。

事实上，人工智能技术的发展远比我们所知道的要先进得多。早在 20 世纪 60 年代，麻省理工学院研究项目的受试就曾满怀热情地向四四方方的二进制聊天机器人伊莉莎吐露心迹。他们相信，自己是在与一个真正的人交流。计算机科学的创始人、英国数学家艾伦·图灵预言，到 2000 年，计算机能够在 5 分钟的谈话之后愚弄 30% 的人类评委。在过去 20 年里的每一年，人工智能群体都要举办一场最令人期待也最富争议的盛大集会——"图灵测试"竞赛。2008 年在英格兰的雷丁举办的该竞赛中，最优秀的程序仅以 1 票之差惜败，12 名评审 5 次判断计算机程序比人类卧底更有"人味"。而在这 5 次中，评审们有 3 次被一套名为"艾尔伯特"的程序愚弄。该程序来自一家名为"人工解决方案"（Artificial Solution）的商用聊天机器人技术公司。要是"艾尔伯特"能再多"骗"成功 1 次，就能蒙蔽那年 33% 的评委，超过图灵设下的 30% 的标准，进而创造历史纪录。"艾尔伯特"夺下洛伯纳大奖的消息传开之后，该公司决定将"艾尔伯特"的软件优先应用于商业领域，所以不再参加 2009 年的比赛了。

艾伦·图灵的预言迄今尚未实现。不过，在某种意义上，精灵已经离开魔瓶，再也没有回头路了。可以想象，未来的某一天，你也许会和一个品牌机器人成为无所不谈的挚友。

3. 品牌智能 3.0

品牌智能 3.0 的核心可归结为"协同进化"，通过信息和数据技术赋予品牌高级生命体独有的智慧，让品牌会学习、懂思考，能创造性地解决问题，可以自我修复、成长甚至繁衍。形象地说，品牌智能 3.0 就是智能品牌的成年时期，它已经具备成熟的智慧、自我意识和自主能力。

品牌的智慧、自我意识和自主能力来自哪里？这些就来自人类自己。因为，到那个时候，品牌就是我们自己，是我们塑造了自己的品牌。品牌给我们提供了创造的空间和可能性，我们参与、投入、付出，并收获满满的成就感。任何一个品牌都将具备开放的 API，广泛的人类智慧得以在品牌智能系统中汇聚，涌现出超乎想象的智慧。品牌的智慧，正是大规模协作、海量信息聚合、全球性的结构和巨大的实时社会互动的结果。

这时，人类与智能品牌这类崭新的生命体，将建立一种共存共生、协同进化的全新关系。也就是说，我们在一定程度上将"放牧"智能品牌，让它野蛮生长，让它为我们服务。成熟阶段的智能品牌已经具有足够的智慧和能力来管理社会资源，为人类提供自动的、便捷的服务，它就像我们每个人的专属管家一样，甚至比我们自己更懂得我们到底需要什么。

另外，我们也将对智能品牌实施少量的干预和人为控制。正如维基百科一方面代表了自底而上的蜂群思维、分散化和无编辑知识的顶点及失控的善果，另一方面也是自上而下隐秘而精致控制的结果，品牌生命体的智慧来自人类大众，但并非简单的聚合，大众的智慧并不排斥精英和专业人士的作用——我们往往只注意到前者，而忽视了后者。专业性就像维生素，不需要太多，却不能没有。3.0 阶段的智能品牌，将是专业与大众的杂交造物，它们会有一个点对点时代的强大根源，嫁接在高度精致的控制功能之下。用户制造内容和众包创新结实、稳固的基础将激发少许领导的敏捷性，100%由聪明流氓出演或聪明精英出演的戏剧将非常罕见。

在《奇点临近》（*The Singularity is Near*）一书中，雷·库兹韦尔提出了大胆的设想：某一天，我们造出了比我们自己还聪明的机器，机器又造出了比它自己还聪明的机器，如此周而复始，整件事就以指数加速度朝着大规模、深不可测的"超智能"的方向发展了。在他看来，这一刻会成为技术的狂欢，人类可以把意识上传到互联网，在精神上进入电子世界，进入永恒不朽的"来生"。从这个意义上说，智慧的品牌一旦进入成熟的智慧阶段，将在电子世界获得永生。

四、品牌的八种智能

认清方向，不忘来路。不可否认的是，我们正处于品牌生命的初始化阶段，品牌智能正在加速进化，各种可能性正在眼前展现，一切都是崭新的。从目前来看，品牌智能已经在八个重要领域初现端倪。

（1）品牌的交互展示智能：为品牌注入多媒体表达、交互感应和情感体验的功能，让品牌具备与消费者交流、互动的能力。

（2）品牌的游戏玩乐智能：为品牌引入游戏思维，用游戏机制全面再造品牌体验和营销传播活动，让品牌变得更有趣、更好玩，让消费者通过深度参与，在与品牌的玩乐中收获自由、单纯与快乐。·

（3）品牌的移动定位智能：借助移动互联网和定位技术，赋予品牌运动机能及情境关联需求分析的能力，使品牌与消费者的每一次接触都能够做到随时随地、应需而生、因你而变。

（4）品牌的搜索应答智能：依托搜索引擎核心技术，向有明确需求或有意向的消费者有针对性地呈现品牌的相关信息，使品牌具备基于需求的响应能力。

（5）品牌的社交情感智能：借助各种社会化媒体和社交网络应用，品牌以人的角色融入消费者的社交圈子，以人的方式与消费者互动交流，赋予品牌以社会交往和编织关系网络的能力，更进一步地让品牌作为平台为消费者的社会交往提供聚合点。

（6）品牌的电子商务智能：以电子商务渠道体系的搭建为契机，倒逼传统产业包含产品研发、生产方式、运作机制、管理架构、营销模式在内的整个商业系统实施改革，赋予品牌信息时代的商务运营智能，最终实现从B2B2C

到 C2B2B 的转向的由消费者驱动的反向价值驱动。

（7）品牌的内容共生智能：把有关商业、品牌、产品、服务的信息包装成消费者喜闻乐见的网络内容，或者让这些信息本身具备病毒传播的属性，依靠消费者的主动转发和传播产生广泛、深入的影响力。

（8）品牌的协同创新智能：为品牌赋予一种可供无限开发利用的工具价值、一种可供加工创造的产品元素、一个可供讨论的话题或者一个可供围观参与的事件，甚至把产品研发和品牌再造的主动权交到消费者手上，使品牌成为一个开放的 API，让品牌具备与消费者协同进化、共同成长的能力。

面对未来，你，准备好了吗？

人工智能改变数字营销

潘　峰*

本次分享重点阐述人工智能以及人工智能在数字营销方面带来的价值，以及即将到来的物联网时代背景下对人工智能的一些看法。

一、人工智能是什么

人工智能（Artificial Intelligence），英文缩写为 AI。它是研究、开发用于模拟、延伸和扩展人的智能的理论、方法、技术及应用系统的一门新的技术。人工智能的概念很宽泛，所以人工智能也分很多种，我们可以按照实力将人工智能分为以下两大类。

弱人工智能：擅长于单个方面的人工智能。比如简单的自然语言的语义分析、智能问答库、网页搜索技术。

强人工智能：人类级别的人工智能。强人工智能是指在某个领域能和人类的能力比肩的人工智能，创造强人工智能比创造弱人工智能难得多。强人工智能可以快速学习人类的经验，通过复杂的计算和学习方法（现阶段大多采用深度神经网络），在大数据迭代训练的基础上，具备人的抽象思维，理解复杂理念。

从人工智能的发展阶段来看又可以分为三个阶段：第一个阶段是计算智能，能存会算，比如我们现在使用的个人计算机；第二个阶段是认知智能，能说会听、能看会认，比如苹果开发的 Siri；第三个阶段也是目前的最高阶段，是感知智能，它要求机器或系统能理解会思考，这是人工智能领域正在努力的目标。

人工智能的发展一直伴随着互联网的发展，所以我们也一起来看看整个互联网发展的历程：互联网—移动互联网—物联网。①互联网时代：互联网诞生后，人们在电脑上获取各种信息，包括人与人的社交都可以在电脑上完成，互联网在信息对称和信息获取方面给予人类极大的便利。②移动互联网时代：随着手机尤其是智能手机的用户体验越来越好、普及率越来越高，及其天然的便

---

* 潘峰，科大讯飞云平台事业部华南区总经理。

携性，人们更多地在手机上完成各种事情，移动互联网越来越占据人们更多的时间。③物联网时代：物联网不是一种技术，也不是什么标准，它更多的将是建立一种新的科技体系，以及以感知、云计算和大数据为核心的商业生态模型。物联网将彻底打破以计算机为终端的互联网时代，以及以智能手机为终端的移动互联网时代的单一载体为特征的网络架构和商业模式。物联网在本质上是以海量智能终端为载体，以同时伴生的海量数据，海量精细化的应用为特征的新的商业模式。

1956年的夏天，一场在美国达特茅斯（Dartmouth）大学召开的学术会议，多年以后被认定为全球人工智能研究的起点。到2016年的春天，一场AlphaGo与世界顶级围棋高手李世石的人机世纪对战，把全球推上了人工智能浪潮的新高点。人工智能经历了整整六十年，其到来比我们想象中更快。

麦肯锡所做的分析显示，当前工作的45%是可以被技术自动化的，连CEO工作的20%，甚至更多都会被机器所替代。在中国，在未来30年75%的工作会被人工智能替代。德勤提出未来80%的世界500强企业的标配是掌握认知技术。埃森哲认为到2035年，人工智能会让12个发达国家经济增长率翻一倍。

有人说AlphaGo战胜了李世石就代表人工智能战胜人类，其实这个说法过于乐观。因为从围棋这项运动上来讲，我一直认为计算机能打败人类是迟早的事情，因为计算机的计算能力在不断地提升，只是大家没有料到是在这么短的时间内。因为根据围棋需要的计算量，按照我们现在计算机计算能力的增长速度，需要再过10~15年才能把围棋整个的计算路径完全覆盖。现在我们用了什么样的方法，提前了10~15年就完成这一点呢？其实答案就是深度学习。人们惊讶的不只是时间提前了这么多，更重要的是事后大家有很多的分析，说围棋也有自己的思维，其实不是的。AlphaGo这个程序完全用了机器比较擅长的方法战胜人类，而这个擅长的点就是它特别善于计算、学习。这里面提到了一个数据，说人类到现在下完的所有围棋有记录的有16万盘，但AlphaGo在自己学习下棋的过程中，它自己又生成了3 000万盘，我相信没有一个人能记下来，但是计算机可以，因为它算得快，存得多。同时利用了感知能力和强大的运算能力，用搜索的方法做了很好的结合。大家可以看到计算机在战胜人类的方法上，完全和人类不一样的，它走了自己的道路。

我们可以得出一个结论，对于围棋这样固定规则下的完全信息博弈，从运算或者是计算的角度来讲已经没有任何悬念了，这也印证了前几年在这方面的分析。如果你要跟计算机来比运算能力，或者是记事情的能力，我们现在已经看到人类完全不是机器的对手，这已经没有什么悬念了。

但是我们也可以看到人类的智能突破，人类其实并不擅长计算，人类的记忆力也没有计算机这么强大，但是我们人类为什么这么聪明呢？这是因为人类记忆力的奇点的突破，其实人类的出现已经有200万年，但是在7万年前人类有一个非常大的进步，非洲来的智人占领了世界，这个过程中人类突然开窍了。历史学家的分析是，这段时间人类发明了语音和语言的体系，并产生了几个直接的结果。其中第一个就是能够对我们周围的世界进行更加详细的描述。第二个就是密切了我们人类社会之间的关系，这样使我们团队的合作能力进一步提升。更重要的是我们人类可以谈论一些虚构的概念，比如说梦、宗教、公司，构成了现代人类系统。这已经是历史学家的一个共识，而且他们把人类历史上的这个过程叫作认知革命。

所以从计算机的能力上来看，它们在人类不擅长的运算上面非常强。在人类和动物都有的感知方面，比如说听觉、视觉，从这个角度上来讲计算机发展也非常快。特别是在大数据、移动互联网发展的情况下，机器在感知计算上的发展还是挺快的。但计算机如果像人类一样发生一个认知革命的话，在认知智能方面还需要进展。但是现在认知智能做到什么程度呢？我们还要看一下。在这个情况下，科大讯飞就是把感知智能和认知智能结合在一起，我们有个新的项目叫讯飞超脑，非常希望从这方面取得突破。

从突破的方式来讲，大家都接受两种方法，一种就是对大脑科学深度的研究。我们都知道人的大脑是一个非常神奇的系统，现在的深度神经网络就是来自于人脑的启发。但我们对人脑的认识还处于一个比较浅的层面，我们的深度神经网络和人脑的真正神经网络相比还有很大的差距。但在这个方面深入研究，是突破强人工智能的方向。但是我们看到这个方向也许需要5年、10年，甚至20年的时间。但从另外一个角度，我们看到工业界包括微软、IBM、Google，取得了巨大的人工智能方面的成绩，依赖于现在工业上所使用的弱人工智能的方法，就是依赖于大数据。

在这个方面我们能够看到一个前景，就是他们之间的相互借鉴。就像人类学习飞行，我们看到了鸟飞行，自由自在，人类想学它。但是通过深入的分析发现鸟飞行的关键性的因素是空气动力学，找到这个根本性的原理，我们造出了飞机。对人脑的研究不仅仅要学习现代的神经网络，我们从中也可以找到更好的"智能动力学"来指导我们的进步，但我想这需要长期的技术研究。

我们最近可以做什么呢？最近可以通过深度神经网络、大数据，还有利用互联网和移动互联网的迭代优化的效益来改进它。现在大家已经看到很多这方面的进展。从人类大脑的角度来看，其实感知和认知是结合为一个整体的，如果把人类的大脑皮层摊开，其实整个区域可以划分成几个部分。感知的部分，包括视觉、听觉、触觉，这些概念到上面都会汇集到一个认知的部分。大家可以看到，当我们看到一只猫，听到它的叫声，在大脑的认知皮层里面会出现猫这个概念的表现，而这种表现又会反过来作用到感知皮层的各个方面，让我们对将来的东西有一个预测。所以现在我们制定一个框架，其实是要在感知层面把听、说、读方面做好，同时反馈到认知智能层面，然后进行合理的推理，再返回到整个的感知层面上，从而形成一个闭环。这个大的框架是来自于人脑的启发，但是具体用什么样的方法去做呢？其实最近我们做了很多这方面的研究，也取得了重要的进展。

在过去的几年当中我们在深度神经网络上一直有深入的发现：每次随着技术的进步，我们这些进展也在不停地深入。我们可以看到最近这两年在语音识别、图像识别，包括在自然语言理解方面都取得了一系列的进步。语音识别从使用 RNN 建模到使用 CNN 的方法来做，图像识别方面 CNN 进一步取得了进展，特别是自然语言处理方面，我们运用了人的关注度提高的机制，其实在很多方面已经取得了显著的提高。

首先我们来看一下图像识别，这是人脑当中研究比较透的方法。单独看到我们的人脸上的某些部分的话，其实你没办法得出整体的概念。但是人脑可以将这些局部点处理，一层一层地向上反馈，直到形成一个完整的概念。这套框架经过过去几十年的发展，应该讲已经非常成熟了。但是在处理很多现在的文字扫描或者跟语音语言有关的方面其实还有很多的挑战，我们来看两个例子。一个例子就是"千里共婵娟"，很容易把这几个字分开。或者是有的时候看不清楚字里面显示的内容，识别结果也是错误的。在这些方面的挑战下，我们基于大数据的处理方法，结合了文档处理等一系列的方法，形成了新的关于深度神经网络的构型。在整个的框架下我们尽量使用了各种不同种类的神经网络的组合，其实在人的大脑中，处理一个视频时神经网络的组合也是不同构型的，我们用了全通道的神经网络，还有递归神经网络，以及最后的深度神经网络的一种组合。在这种组合框架的策略下，我们可以得到一个非常好的结果。另一个例子是关于拍照的，我们讲的这些语言文字的识别，从原来传统方法的60%多，结合我们现在收集到的非常多的试卷的大数据和手写的大数据，现在已经能做到93%。这样的话大家可以想象一下，当学生在试卷上写下他的答案的时候，这些结果已经被我们识别成文字了。

这地方我给大家播放两个例子，刚才讲到图像识别，大家在印象中只有图像中可以用卷积神经网络来做，但我等下讲的过程可以让大家看到，我们可以用来做语言。首先来看一下第一阶段的结果。这里有几个实际的语音数据。其实你真正听到的语音是不一样的，因为我们大脑是有记忆功能的，在大脑的记忆功能中我们可以看到，我们能够把前一段时间的声音记录下来，并且和后面的数据进行处理。利用这种新的架构，我们在原来的传统的基础上做一个递归神经网络的结构，可以把我们的信息的输出反过来输入到系统当中去，这样的话整个系统就可以记住前面的时刻或者后面的时刻的信息，这是我们做的架构。

这里面有很多的挑战，比如说不同的技术点叠加在一起效果是有冲突的，同时延时也比较高。这里面我们设计了新的递归神经网络的构型，可以更好地利用我们刚才说的记忆的潜质。但仅仅做递归神经网络可能还是不够的，我们来看一下真正的语音，它在我们的耳朵里面呈现的方式其实是什么呢？其实是一幅图像。MIT多媒体实验室的一位专家，就可以通过这个图形直接判断出你说的是什么声音，因为在图形上表示当你有很多的噪声显示出来的时候，只是图像颜色的深浅发生了变化，而图像的形状不会发生变化。我们可以看到这张图里面有两个字是相同的："欢迎大家来到科大讯飞"，这两个"大"字大家注意一下，中间的图形是非常接近的，非常遗憾，因为以前的处理能力和计算方法的问题，我们没有办法像大脑一样直接读频谱上的语音图。但我们现在最新的进展可以做到这一点，我们把整个语音谱图作为一个识别的网络，经过一系列的处理不仅仅可以集成我们刚才讲的效果，而且可以更好地看到全局的影像。最后出来的结果是什么样子的呢？其实现在语音识别的效率很高了，达到90%，但经过我们一层层系统的改造，单项的系统是业界最好的，经过我们两层改进之后还可以再提高50%。所以说将来在语音识别方面，计算机可以超越人类，因为人类现在的目标是99.5%，所以说计算机在感知智能方面超越人类的进度还是非常快的。

语音识别现在也全面进入读图的时代，这和我们的工作原理已经非常接近了。但是刚才我们想解决的还是感知的层面。认知的问题、语言的理解、推理的表示、联想自主的学习，我们需要一个框架来处理。这个框架需要最基础的自然语言的描述。

首先看一下自然语言描述，在词语层面，大家知道人类的语言是一层层上去的，词语代表基本的概念，句子代表概念之间的关系，而篇章就能形成更大范围内整个语义的组合。这个过程中我们也使用了一系列的技术来做共同的处理。这些东西的处理已经构成了整个自然语言处理的基本的层面，更重要的是我们要挑战在语言理解和知识表达方面的进展。我们从四个角度来看一下，分别是口语翻译、作文批改、难度预测和最后的阅读理解。这是非常有意思的事情，这是让机器像人类一样逐步地可以理解我们的语义。用什么方法解决呢？其实这个在国际上是非常前沿的方向，最近我们形成了一个新的方法，很好地解决了其中的一些问题，并且取得了显著性的进展。

Attention 就是关注度聚焦的概念，是在图像识别中首先被提出来的。大家可以看到人脑在看一幅图像的过程中，其实他的注意力不是整个的图像，他会关注到图像中最具备含义的信息。从这个关注热力图也可以看出来，人在看一幅图像时，会高分辨率地集中在某些区域，低分辨率地注意其他区域，这张图是根据人的眼动仪的模型得到的。如果看下面的文字，大家最关注的还是关键性的数字，机理上我们应该怎么实现呢？现在在递归神经网络的基础上，基于Attention 得到了非常大的发展，它可以根据你要处理事件的关注点，形成一个模型。通过这个模型可以知道你最需要关注的要点在什么地方。

二、人工智能改变广告交互

传统的视频贴片广告，大家已经见得比较多了，用户在多次观看后没有太多新意会感到比较厌烦，但是通过语音交互让用户跟广告实现互动，让用户通过跟广告品牌进行交互来跳过后面比较长或用户不愿意看的广告，这是一种创新的体验方式。优酷最新的数据显示 80% 的用户都是来自移动端。用户反馈最多的问题是觉得移动端广告时间太长了，但是这个问题也是因为大量的广告导入移动端，移动端要承担广告主的需求。这个矛盾如何解决？我相信语音交互可以更好地解决这个矛盾。用户在视频中可以和品牌来互动，对广告主来说可以加深用户对品牌的印象，对用户来说可以减少广告的播放时间，让用户得到很好的体验。我们曾经在搜狐视频上推出这样的广告形式，发现绝大部分的用户会选择体验互动广告，参与的比例远远超出我们的预期。我们甚至可以在语音互动中加入人脸识别技术，人脸识别技术可以判断两个人脸之间的相似度。我们可以通过比较你和某个明星的相似度来实现和用户的互动，由讯飞的大数据可以猜测到用户对某个明星的偏好，从而根据用户的喜好和品牌的关联度来产生对品牌的好感，并产生购买欲望。另外，我们在实时交互过程中，可以快速在 100 毫秒以内辨认用户的性别，通过生物特征识别来改变广告内容中的产品，比如对女性推什么产品，对男性推什么产品。

三、人工智能助力大数据营销

各种新兴的技术可以为移动端广告带来非常多的变化。我们最近积极跟广告主做一些尝试，我们希望做一些更加有意思的广告出来。另外一个层面，通过人工智能和大数据可以实现更加精准化的场景营销。

在数据量足够的情况下，用户行为分析应运而生。在保证其真实性、可靠性等的前提下，不同类型和足量的数据被收集并加工后能够给营销人员提供策略建议。在保持对数据快速分析的前提下，可以建立数据模型，这些都远远超过了人类的分析能力，也是人工智能的理想状态。

科大讯飞拥有的大量数据需要实现它的价值。通过过去几年的积累，我们可以看到我们每天语音的交互已经超过 3 亿人次，手机上用到的语音技术都是在用科大讯飞的语音交互系统。我们每天有多达 500 亿条信息数据产出，通过对数据的分层处理，获取更加详细的用户标签，最终获得 360 度全面的用户画像。而这些数据能够非常好地为营销人员优化方案提供建议。尽管这些数据非常庞大并已经到达了人类处理不了的程度，但对人工智能来说，却是比较简单的。

程序化广告发展至今已规模庞大，它可以自动规划、购买并优化，帮助广告主定位具体受众和地理位置，可以用于在线展示广告、移动广告和社交媒体等一系列活动中。而同样的原理也适用于电视广告和印刷广告，美国超过半数的在线展示广告都是程序化购买，Google Ad Exchange 和 Facebook 则是主要的两家流量来源。程序化广告的优势包括了其高效性和易操作性（不许协商），并将自动化和相关有用的数据完美结合。科大讯飞的 DSP 平台是建立在大数据和人工智能基础上的，相信在接下来的时间里科大讯飞将会利用自身的优势在程序化营销和互动广告方面给整个广告行业带来一些惊喜。

第三部分　实战之径：应用与推广

AR： 作为营销传播媒介的应用

李 苗[*]

有一次在与香港某财经记者交流的时候，该记者用手机和 iPad 向我展示一个非常神奇的场景——用手机扫描 iPad 上 ELLE 杂志的封面，封面上的陈慧琳竟然开口向大家问好！打开封面后，里面的化妆照片用手机看时竟然在活动，演示教你怎么化妆！当时觉得太神奇了，就追问香港记者这是什么新奇的东西，记者介绍说这是一种叫作"Augmented Reality"（增强现实，简称 AR）的神奇技术，这引发了我极大的好奇心。

当时我就觉得这是一个新的媒体形式，因为我是研究媒体的，于是就立马上网去查 Augmented Reality 是什么东西，然后发现在当时，AR 是当作一个新的技术来理解的。后来我发现它不仅仅是一个技术，从传媒、营销的角度来看，它实际上也是一种新的媒介形式，而且它未来会给我们提供一个比现在二维码更方便、更新颖的一种入口、一个新的场景形式，可能会衍生出很多新的创新型的营销模式，所以我觉得这个是可以期待的。这是一个非常好的东西，我们应该去研究它。

从 2013 年起，在三年的时间里，我一直在追踪 AR 的发展，这项技术由于太过新颖，相关资料非常少，查到的有限资料又偏理工科，比如研究跟踪技术的、研究光学显示技术等的，对于外行人来说难以理解。但是从 2015 年起，到 2016 年，这期间 VR 炒得很热，而 AR 在此背景下也低调地进入了商用市场，开始实现商业价值。目前 AR 已经在挣现金了，有了现金流。所以我们今天来讲 AR 正当其时。

一、VR 与 AR 的区别及 AR 的定义

在前去台湾做短期访问学者交流的过程中，我发现一款名为 Pokemon go 的游戏非常流行，在整个台北市老少皆宜。台湾有学者发现，Pokemon go 具备的强社交功能，孩子教会老人抓宝，然后老人就跟着孩子到处在外跑，最后全家都出门抓宝，带动了家人之间的交流，拉近了老人与孩子之间的距离。与

* 李苗，暨南大学新闻与传播学院副教授，AR 应用研究中心主任，广东省广告协会学术专业委员会秘书长。

传统的网络游戏不同，这个游戏带来了全新的互动场景。在 AR 技术基础上开发的游戏，其社交功能值得研究。

大陆出于各种安全考虑没有引进 Pokemon go，但是我们有自己研发的同类游戏，例如我们的抓宝游戏"城市精灵"，它的功能和机理与 Pokemon go 是一样的，都是基于 LBS 和 AR 技术。2016 年下半年，发生在我们身边的广州"小蛮腰"上面的 UC 抢红包活动，就是一个典型的利用 AR 技术进行媒体宣传的互动活动。打开 AR App，对准小蛮腰上的 UC 头条字样抢红包。事实上抓红包活动不是为了变现，而是一个引流的手段。它其实就是一种营销手段，在你开心地数着红包的时候，商家在一晚上吸引数万观众。通过这两个例子，大家可以真切地感受到 AR 所带来的影响。

回到基础问题，AR 与 VR 到底有什么不同？从原理上来讲，VR 是用计算机来构建仿真的虚拟情景，利用一些传感技术传达给受众。

我在台湾也体验了穿戴式的传感设备，还有 VR 眼镜。这些都是运用传感技术捕捉，通过计算机算法转换镜像，让我们产生身临其境的感觉。我在台湾政治大学的实验室里真实地感受到两个场景，一个是海底世界，我的旁边就是鲸鱼、水母、海底还有沉船；还有一个场景是凡·高的家里，我可以走到窗子跟前，可以上下楼梯，从这个房间转到那个房间，然后我还可以跟凡·高站在一起，不过现在凡·高还不能说话，还没有完全仿真，但场景完全是沉浸式的，是可感、可观、可触的。可是外人在看我的时候会觉得我很傻，自己戴一个头盔在那里手舞足蹈。

现在最大的问题，大家也知道，VR 需要 VR 眼镜才能体验到，是在一个相对封闭的系统里。那么 AR 是什么？AR 给我们呈现的是通透的、互动的场景。另外就是平面的内容扩增。在我的第一本有关 AR 的书的后面，有相关二维码通过扫描可以呈现影像，还有刚刚提到的陈慧琳那个案例，都是比较典型的 AR 技术在平面上的内容扩增。AR 与 VR 最大的区就是，AR 是在现实场景中实实在在的应用，而且是可以到处拿着手机去用的。而 VR 要求比较高，必须戴着 VR 眼镜，我想两者最大的区别就是它的呈现系统。

所以我在这里做一个总结：AR 就是把真实的环境与虚拟的对象融合在一起，使人们在真实的环境下通过屏幕、手机、iPad，以及特殊的眼镜，看到一些并不存在的 3D 的影像数据，所以就是真实的你和虚拟的它同时出现在一个画面里面，实现虚实之间实质的交互，扩展我们的信息空间。

用一句话说明 AR 和 VR 两者最大的区别是，虚拟现实是纯虚拟的显示系统，增强现实是穿透式与现实交融的显示系统，即主要是显示系统的差异性。所有虚拟的现实就是 VR，所有的显示对象、影像内容，以及所有互动都是在虚拟的环境当中。而增强现实则是穿透式的显示系统，虚拟和现实并存，虚拟的显示对象、影像内容与现实中的物体有相互依存的关系，所以虚拟和现实存在同步的互动。

AR 应用于很多场景。从 2015 年在中央电视台的节目中就可以看到 AR 的应用，比如六一晚会上金鱼和小朋友们一起出现在电视画面上，现场是看不到这个画面的。又比如巴西世界杯的足球狂欢盛宴，每场关键比赛都必然让两个队伍的关键人物出现在现场，这也运用了 AR 技术。视频 AR 信息的叠加跟真实的信息实时互动。

现在 AR 研究或者其他研究引用的 AR 的权威定义，是由 Azuma 提出的。他认为增强现实具有三个基本属性或者基本条件：①虚拟场景和真实场景的融合；②实时的互动；③必须在三维空间当中运作。由此可见，AR 作为媒介的首要特征是场景信息的融合，其次是实时的互动，最后是使用者在三维空间中有立体的呈现和感受，这三个条件缺一不可。

二、增强现实的支持系统

在 AR 的技术生态中，最重要的是图像的识别、动作的捕捉；然后就是3D 虚拟的建模，建立虚拟的场景，如小人小动物；接下来是云存储，如果网络不行，云存储的东西就无法抓取下来，云存储的东西需要识别和标识，早期是必须有像二维码一样的标识，现在不需要了，可以直接刷脸。云存储的东西在事先必须上传，当识别之后，50% 的识别度吻合，它便从云端抓取下来。因此这样的项目，前期的基础数据是非常费劲的，这样的项目也比较赚钱。

此外，现实与虚拟结合这个领域中还需要一些算法，在瞬间数据量特别大的情况下，算法是否能跟上，识别跟踪能否跟上，那才是关键问题。

三、AR 的媒介特征

AR 作为媒介有以下特征：

第一，虚实结合。虚实结合在营销传播中如何使用？在店里或者 PC 端AR 试穿衣服，在电脑摄像头中识别，直接可以看到什么样的衣服适合自己。如果在商用中不那么昂贵，店家是非常希望它能普及，毕竟消费者没有那么多时间试穿而店家也不希望消费者每一件衣服都亲身试穿。因此，AR 应用于试穿或者试戴，对于商家和消费者而言都是更加便利的。

所以我想说，像这样的东西，试穿也好试戴也好，它对商家对消费者都更加便利。假如我在一个非现场的场地里，甚至我走在街上，看见一个人穿的风衣特别漂亮，但我又不认识她，用手机扫一下，这件风衣的信息都会明晰。AR 将来就会是这样玩的，不再需要二维码了。你看见人家背了一个包，想去问"女士，你这包包在哪买的啊"，将来不用了，直接用手机扫一下，包包在哪里买的，价格多少，当场就可以下单。这就是 AR 的神奇之处，现在的技术已经可以做到了。这是我说的第一个特点，虚实结合，而且是可以实时地互动。

第二，趣味性和互动性。一会我们通过视频来说明这个问题。

第三，信息的立体化和动态化。信息的立体化和动态化对于广告来讲意义重大。刚才我说了一个平面广告，我们将来走到商圈里面，有那么多的户外广告，甚至你走到一个道路的十字路口，比如你走到万菱汇，凤凰卫视弄了那么大一块屏，我们可以通过手机扫描以了解更多的信息。比如说你扫完之后手机上可能就会有一个下单的界面。所以它除了展示之外，能够传播更多的营销信息，而且是动态化的东西。所以这是非常具有前景和诱惑力的。

第四，信息量大。见下图：

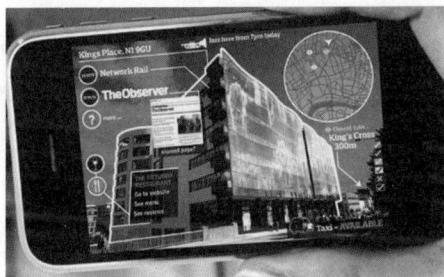

AR 应用

这座大楼的相关数据信息、商业信息通过手机 AR，详细而丰富地呈现出来。百度的 AR 导航也已经上线，在将来，我们就可以直接通过 AR 导航，找到建筑的一些信息，比如它哪年建的，什么结构，商家信息什么的。

这就是 AR 的四个基本特点。以下拓展了 AR 的四个特点：场景感、沉浸感、体验感和分享感。

第一，场景感。我们现在很多人研究场景营销，我也看了很多文章。其实场景营销过去我们也在讲，只不过没有贴场景这个标签。比如说我在 PC 前面，这也叫场景；我现在坐在教室里，这也叫场景。但我要说的场景跟原始的场景，有点不一样，它是实实在在的，你在真实的生活当中，你走到哪里，哪里就是一个真实的具体的场所，所以这个场景感是一个真实可感的场景感，而且它这个特点也是一个非常专一的属性，并不能跟现在许多场景营销所说的那个场景完全吻合。

第二，沉浸感，客观来说它跟 VR 的沉浸感是有所区别的。VR 是你戴上眼镜，完全就只有你自己，外面什么也看不到了，是沉浸在里面的。AR 是你能够看见真实社会，可是就算你看到真实社会你也是很有沉浸感的。这就是为什么有时候我们去抓宝，跑跑跑一头撞车上了的原因。因为你脑袋和眼睛里就只有手机里面的那个宝，在你的左前方，它会告诉你说这个宝离你有 1 200 米还是离你有 300 米，抓宝游戏会告诉你宝藏离你有多远，大家一看，那是一个非常大的宝，可能是个很值钱的怪兽，大家冲过去，最后不就容易出交通事故嘛。它是有沉浸感的。

第三，体验感。这就不用解释了。

第四，分享感。我抓了个很大的宝，我马上分享给小伙伴，告诉他快过来这里抓。所以它具有很强的社交分享性，可玩性高。

四、AR 在营销、广告传播中的应用

现在还没有学者总结在营销传播上 AR 应用得最多的地方。我个人总结了以下几类应用，需要说明的是，这几类应用并不等同于几类场景：

首先，从系统关系来说，呈现需要有移动终端设备，比如手机、iPad，或者如谷歌眼镜这类的穿戴设备、眼镜装备在未来将会更加成熟。我一直在想，现在女孩子喜欢戴美瞳，间谍也可能使用美瞳镜，现在如果携带谷歌眼镜到那些机密场所，是会被安保人员赶走的。而未来的美瞳镜片，所有看到的东西都在视觉神经上展现，那是一种可怕的情形，但一定是未来的趋势。大家看到汽车的前挡风玻璃，比如路过城市大厦，挡风玻璃上便呈现出大厦建造者等信息，这在未来也是很厉害的应用。

因此，这是 AR 第一个应用——眼镜装备。

其次，场地屏幕的互动是 AR 的应用之一。现在场地屏幕的互动作为 B2B 的 AR 解决方案，已经有不少公司因此赚钱。比如做新车发布会的 AR，复杂一点，从云上抓取信息出来，那一个秀可能需要上百万元；若是自己存储的影像，则大概需要几十万元一个秀。在琶洲一年有多少场秀，一年有多少场各种各样的交易会，如果都来应用 AR，那 AR 的市场是很可观的。其中就有一些场地屏幕，之前也有同学体验过，在场地上切水果，其实就是体感的，你在屏幕面前切，它有一个摄像头把你拍进去，并捕捉了你的动作，和它里面的信息

融合在一起，让你可以现场切水果。另外，现在很多教育市场，小孩子在场景中画了一条彩色的鱼，鱼直接在屏幕上跑了起来，画了一只鸟，鸟直接在天空中飞起来，这都是用 AR 技术来实现的。

最后就是我前面说的屏幕的信息叠加。到现在为止，我们看到的比较成熟能真正赚到钱的，大概就是这几类应用。

AR 作为一种新的数字媒体技术，具有虚实结合、实时交互、体验感好、趣味性强、信息扩展、立体化呈现等特点，所以它的应用价值是很高的。

通过案例可以更好地理解 AR 的应用。第一个案例是我们平常说得最多的，让海报提供给我们更多的信息。我在香港曾经看过一张报纸的整版，通过扫描可以看见一辆汽车"呜"地一下就过去了，很有感觉。

可能有的人会质疑，我为什么非要有一个这样子的东西，看电视就够了啊。可是大家想想，第一，手机对于我们来说是一个自己随时随地能掌控的东西。你走到哪都可以用手机打开想看的画面，你不想看就不打开。所以有这样的一些呈现，让人们可以掌握主动权。比如你在博物馆，不可能到一个地方就一直守在那里看，你没有那么多的时间。比如我对这幅画感兴趣，但是又赶时间，就可以直接扫完之后边走边看，了解这幅画的创作背景、作者是谁、画的风格是什么等信息。欧美的一些博物馆现在就是这么做的。台湾的大学图书馆里现在也在广泛地应用 AR 技术了。它能让你完全自己掌握自己的时间，这是一件很便利的事情。第二，产品目录。如果你没有时间到现场，可以扫产品目录，它会告诉你很多信息，例如这个家具放在你家合不合适，什么颜色会比较合适，放在哪里合适等。

综上所述，AR 作为媒体营销传播有三个关键点。首先，在当下及未来，一切都是媒介。我最先接触这个概念是 2005 年我在日本做科学研究员时，当时最早是法政大学的一个教授提出的。在那个年代，我们强调的还是"随时随地上网"，这在当时来看还是比较超前的。场所、内容、时间都是媒介。如今，我们需要注意媒介接触点、沟通环节和使用者心情这些关键点，这也是关于消费者认知、消费者体验以及营销传播的研究越来越走近心理学的体现。对于 AR 来说，大数据是越来越重要的基础。当拥有了基础数据后，如何运用科学的办法解析，包括消费者的分类、消费者需求、消费者喜好等这些问题，都显得尤为必要。其次，场景营销。刚才我们看到了 N 种场景，N 种场景沟通有什么不同？这是我们要考虑的问题。最后，绩效问题。这是企业关注的重点。AR 有展示、互动、体验多种多样的接触途径。如何运用它促成行动，这是企业的终极目标。从展示端口吸引消费者点击，再促使其将商品带进购物车，并且为其付费，促成消费行为，这其中转换是个关键。

五、AR 目前市场化商业存在的问题及未来的应用

目前市场上的 AR 技术存在两个问题：第一，缺少原创。目前市场上大部分商家都是在购买别家软件后，再将其投入到商业运用领域。第二，投入甚少。我们从上述例子中可以发现，为打造全场景需要大量投入支持系统。如今市场上的 AR 技术呈现基本属于小打小闹模式，如通过制作二维码，让使用者扫码后进入场景，很少出现震撼人心的大作品。

艾瑞在 2016 年 10 月发布了《2016 年中国场景营销市场研究报告》。艾瑞在业内还是比较被认可的，数据比较权威。他们认为，场景营销是指基于对用户数据的挖掘、追踪和分析，在由时间、地点、用户和关系构成的特定场景下，连接用户线上和线下行为，理解并判断用户情感、态度和需求，为用户提供实时、定向、创意的信息和内容服务，通过与用户互动沟通，树立品牌形象或提升转化率，实现精准营销的营销行为。在场景营销中，场景、数据、算法和体验是核心要素。我们也比较认同此观点，这也是做 AR 的核心要素。

AR 没有得到大规模的普及是受到很多因素影响的。作为基础设施的 4G 网络，分布不够广。目前 AR 的算法还没有达到普及的程度。AR 在普及过程中也会受到政策的限制。我们不能像抓宝游戏那样满世界让人乱跑，但可以限定商圈，小范围地做 AR 活动。同时，新技术还是需要好的想法来推广。

未来，AR 市场很有前景。VR 的场地、设备局限大，相比之下，AR 由于低成本可以作大众化普及。2015 年全球 VR 融资 4.65 亿美元，AR 仅 8 500 万美元。原因在于谷歌眼镜，它使得数据出现了变化。假如 BAT 一起进入 AR 市场，AR 市场也会火爆起来。2016 年起，特别是下半年，AR 市场重新火起来。扎克伯格之前投 VR，后来转向 AR，因为 AR 更容易变现。苹果现在也热衷于开发 AR 市场。库克表示："VR 的应用非常有趣，但是我认为，它并不是一种可以与 AR 媲美的广泛技术。要想得到好的增强现实要很长时间，但是 AR 够深度，大家都希望通过技术将它扩大，而不是变成一种障碍。"美国的 Digi - Capital 预测，到 2020 年 AR 的全球市场将达到 300 亿美元。现在也有人提出新的观点，AR 与 VR 出现了融合的趋势。我认为，AR 本身就是 VR，因为 AR 一半是虚拟，一半是现实。

商用方面的障碍首先是技术问题。中国一直存在着模仿的问题，需要在创新上有所建树。如果没法在技术上突破的话，很难有新颖的产品。但是，在商用方面，中国目前要领先于西方。资金问题是一大通病，不多说。还有一个是商业运营模式问题。起码 AR 的 B2B 要比 VR 的 B2B 好赚得多。VR 目前还是

停留在体验层面，而 AR 在教育、军事、医疗、生活等方面应用的现状和前景都很明朗。例如，医学上运用 AR 技术不需要真正的人体就可以完成解剖练习和操作。有关 AR 的伦理冲突可能会在未来成为一个问题。人们通过 AR 可以扫描出面前的任何信息，可能造成信息泄露和侵犯隐私等问题。

我们前面说到，AR 主要应用在四大领域。那么 AR 到底还能做什么？电影《阿凡达》本身就是通过 AR 技术呈现的特效。AR 游戏是 AR 中必不可少的一环。我认为，未来会出现游戏营销化和营销游戏化的趋势。用游戏的方式开发营销场景可能是一个很好的途径。而现在在 AR 方面的投入，金钱也好，时间也好，都远远不够。现在的 AR 企业项目多得做不完。

现在购物主要通过扫码，而在未来，我们完全可以通过扫商品获取所需信息。同时，AR 还能提供虚拟导购员为消费者提供引导服务。而互联网与 AR 的整合可能是未来的大趋势，前景非常乐观。

第三部分 实战之径：应用与推广

不确定时代的 "云、行、疯"

陈志波[*]

一、理解"互联网＋"时代

其实无论是"互联网＋"时代还是"＋互联网"时代，如果回到企业本身，更多的是不可确定的时代，如人才环境、竞争环境、技术环境、投融资环境。如若确定就不会有 2015 年 6 月的股灾，95% 的人被股市套牢，正如《乌合之众》一书中所说的大众思维，基本上大家说对的事情其实是错的，从这个角度来说，这个时代就是不确定的时代。如果说雷军是"互联网＋"，那么董明珠就是"＋互联网"了，但是两三年过去了，小米被骂了，华为顺势而起，从另一个角度说明，华为有自己的通信模块和技术，有设计能力，有自己的 CPU，所以它慢慢赢了小米。

一个新产业出来之前会经历的三个阶段：

（1）"云"的阶段。云即人云亦云，这个阶段很明显的特点就是一批新锐老师做培训，如微商，全部由一批 90 后的年轻人教大家如何做微商，这个阶段即称为云阶段，再如"互联网＋"时代，很多不做实业的人来讲"互联网＋"。

（2）"行"的阶段。现在搞培训的人不说"互联网＋"了，都是做实业的老板在各种场合分享自己如何做"互联网＋"，一些资深的人分享自己对互联网当下的观点，我们可以说这个阶段是在"行"的阶段。

（3）"疯"的阶段。疯为大资本金来了，行业开始并购。

那我们为什么要关注这三个阶段呢，无论你做微信营销、"互联网＋"、O2O，你都要看它属于哪个阶段，接着你采取跟进还是领先，定好策略后就很明确了。也就是说，别人在"云"的时候，你该去听，"云"没什么不好，了解"云"是怎么回事，然后在"行"的时候该行，该"疯"时就去接触大的资本金。你也可以选择领先，很多人思维很创新，你可以选择创新的策略，如马化腾是跟随，马云是创新，看你能 hold 住哪种。

---

* 陈志波，名传无线创始人、CEO，广东省广告协会新媒体专业委员会执行主任。

二、"互联网＋"的三个特点

1. 反思维思考

最可怕的地方是以前收费的现在要免费，如以前坐出租车，出租车提供服务，用户付钱，现在"滴滴"出来，除了不要钱或者收很少的钱还有补贴，这就很吓人了，重构了整个行业。把营利拉长，除了提供服务，还融合了金融，提供服务不赚钱，靠金融盈利，说难听点这就是一个"洗钱"公司，它弱化主营，拉长产业链转化金融，这就是互联网企业对传统企业影响最大的地方。

2. 互联网企业主导整个融合的过程

一个互联网企业开实体店跟实体企业把店搬上互联网是不一样的。很多实体企业把店搬上互联网就是做电商，把互联网当成工具、渠道。具体来说，在互联网里，产品经理是非常重要的角色，但很多时候传统企业没有产品经理这个角色，传统企业的产品经理先是做设计，然后才按程序走。

3. ＋大数据、＋渠道、＋云计算

如"滴滴"、Uber，大数据的算法在整个营利里扮演重要角色，如在哪个区送代金券，在哪个时段打折，哪个时段补贴，哪个时段加价，都是有严格的算法的。如若没有大数据支撑是不可能做到这样。我们来回顾一下"滴滴"打车的整个过程，首先做打车，这没有太大的争车风险，提供平台为民众方便打车，政府也无所谓，有点压力但不至于太夸张。再把打车链接起来，最核心的问题是支付归支付，然后又通过返现的形式补贴，只要司机装了 App，只要消费者支付，可补贴 5 元不等，司机和乘客都赚钱，也得到社会认可，但一旦拿到所有的乘客支付入口，开始做专车，租车和专车连接起来，变成黑车运营，这就挑战了整个体系。黑车运营什么时候合法化？最开始在上海合法化，之后是天津、南京。广州经常有打架事件。一个运营商的领导，他跟员工开会说赚钱无所谓，逃工无所谓，但是出现被人暴力攻击就比较麻烦，因为这便演变成了社会事件。接着开始做代驾，这便是典型的产品式入口，用户是资产，社群是商业模式，做代驾的时候，并购了 E 代驾，这便是互联网对传统企业的冲击。

三、"互联网＋"的思维怎么做手机流量

对于中国移动公司来说，如何用"互联网＋"的思维做手机流量？我提

出了对 C 端免费的概念。

1. 不收消费者的钱

移动需要转型，用户对移动的手机流量也抱怨太贵，我建议对 C 端免费或者包月的形式，大家有没有留意到现在广州移动推出 58 元包，送次年一个季度的流量包，这便是对民众的一种方案。

2. 跟互联网企业合作

如对腾讯降价，现在都用微信，你用微信厂商的流量，却向微信收费，或者说你和腾讯分成收费。

3. 靠投资赚钱

BAT 竞争得很厉害，我可以跟腾讯谈判，允许移动流量入股，否则就加价归阿里巴巴，还有就是做很多的孵化器，把流量产品作为资产投资到孵化器，让孵化器做很多应用来消耗流量，这一点移动已开始做了，这便是在移动的体系下，做"互联网＋"该如何做。

四、"＋互联网"时代商业创新的四大特点

"＋互联网"就是传统企业主导整个融合的进程。其实它做得更多的是利用自己存量的优势，用行业标准的优势，跟公信力的优势，去提高它自身服务客户的能力。我看到的即是服务客户的能力，没有做太多的事情。"＋互联网"时代的商业创新可以归纳为以下四点：

1. 供应链

做供应链的组织者和利益的分配者，如"滴滴"打车就把车、乘客组织起来成为供应链组织者，然后也充当利益分配者的角色，将利益分配好。这便是在供应链方面的创新。

2. 金融

其实我们会发现很多的行业做转型和升级的时候就是做这件事情，例如我是做油烟机的，能否转型做零售，如果是做零售的，能否做金融。我说的金融即新三板挂牌。大家会发现以前是市场经济，现在变成资本经济。市场经济很好理解，就是市场在主导，我们只要响应它即可。如何做市场经济呢？开更多的店，招更多的人，把厂商加上去，这便是市场经济。资本经济如何做呢？尽可能地用资本构建竞争力，放大主营业务。就像别人问我，我现在做入口，到底是赚钱还是赔钱？这里面涉及一个问题，加资本就赔钱，不加资本就不会赔钱。之后我会讲一个案例，讲传统企业如何做转型。

3. 信息技术

把供应链和金融两个连接起来就是 IT 技术，这便是信息化技术。我们做企业都知道 ERP，ERP 就是把货、钱、信息算清楚，然后连接起来。但是现在所有的 ERP 厂商都做过转型，叫作"瘦身 ERP"，就是把 ERP 跟社交媒体打通，典型就是 ERP 跟微信打通，如 SAP 跟 Facebook 打通，如国内的用户跟微信打通。为什么要打通呢？如果说用 CRM 的理念跟用户接触，成本很高而且消费者不愿意跟我接触，如果用微信则不然。如山东老家，他之前的呼叫中心有 17 人，主要承担的工作就是被用户骂，被骂太多就送客户代金券，这就是把内部系统和外部系统打通的一个例子。

4. 新媒体技术

营销的问题就是媒介的问题。你会发现，你做营销主要是搞定媒介。我们反思一下，我们搞营销把主要精力都放在媒介，100 万元的活动肯定大部分是媒介的花费，如果活动对媒介理解不够，那便是个失败的活动。所以消费者的主流言论场在哪里？关注点在哪里？这些就是在社交媒体、垂直媒体里。你会发现在平台媒体如新浪、搜狐投广告，ROI 越来越低，你可能选择一个大号，垂直媒体效果更好。如做投资的，你要找到的是做投资的垂直的一帮人，而不是大而泛的人群。我们可以反思自己的阅读习惯，如你是一个关注汽车的，你是选择加入一个汽车的垂直的专业媒体论坛，还是选择新浪呢？如果你是"发烧友"，你肯定会选择垂直媒体，不会是大众媒体的一个专栏。所以自然而然投放广告的人也一定会投放垂直媒体。这是第一点。第二点，我们投放还会考虑社交媒体而不是纯粹的展示媒体。所谓社交媒体，就是你告诉他，他会跟你互动，觉得有趣还会帮你传播出去，具备病毒传播性，也就是蝴蝶效应，很容易引爆舆论。

看一个案例，名创优品为日本快时尚设计师品牌，名创优品的主要商业模式是：用低毛利率商品，靠庞大的销售数量取胜；加盟。

（1）商品直采：一间名创优品店约有 3 000 种商品，绝大部分从 800 多家中国工厂中直接订制采购，工厂几乎全部为外销企业，80% 在珠三角和长三角地区。

（2）设计管控：名创优品控制了商品的设计核心力，除了食品外，全部使用 MINISO（名创优品）的品牌，由此掌握了商品的定价权。

（3）快速流转：一般百货店的商品流转时间为三到四个月，名创优品可以做到 21 天。叶国富投巨资开发了供应链管理体系，对所有商品的动销速度进行大数据管理，提高资金和销售的效率。

（4）带资加盟：实行投资加盟，由投资人租下并装修店铺，名创优品进行统一的配货销售管理，投资人参与营业额分成，由此大大提高了开店的速度。

（5）全球思维：全球输出日本设计，无缝对接全球采购战略。目前中国市场在售产品中有 20% 国外采购，与此同时店铺布局也逐步走向国际化，从东京、中国香港、新加坡和迪拜等开始辐射全球。

（6）粉丝运营：通过扫描微信号即可免费赠送购物袋的办法，快速积累粉丝，在短短一年多时间里，名创优品微信订阅号的用户超过 800 万，成为一个超级大号，从而为互动营销创造了可能性。

可以看到他把整个产业链整合起来，原来 OEM 做不下去的变成他的上游。为什么听他的？因为他输出了设计，然后接着他前端是他的加盟店，这是他工业技术；粉丝运营是他的自媒体技术，快速流转是他的信息技术。

再看金融技术。

以分利宝为例，分利宝由赛曼基金投资，致力于为消费者提供"安全、快捷、简单"的在线理财服务。分利宝通过与大型品牌连锁机构（如名创优品、Pelicana 啤酒炸鸡）合作，实现品牌连锁业闭环资金管理，提供多种投资理财方式，灵活安全高收益。

他把他的每一个加盟店都做了一个资产，放这里来，接着去找人投资，所以他的开店速度是非常快的，他在短时间内开一千一百多家店。你想想，如果你到处去找人加盟，一家店要花不少钱。带资加盟，就算一家店 500 万元，半年时间搞定 1 100 家不是容易的事情，但如果他把每家店都当成个资产，放到 P2P 平台里面，再找一帮人去投资。这是不是叫带资？你找一帮年轻人来，每个人投一万元，做个店，然后我帮你托管。听起来多好听的一个故事，其实他是把互联网金融和连锁加盟做到一起。

我们可以去了解一个场景。某先生现在准备在北京开两家店，他把这两家店打包成两个项目放到他的 P2P 里面来。接着，这两个项目上线以后，在山西，在东城区要开两家店，在西城区有两家店了。接着，我的客服就告诉你了："先生，你是我的客户，我在门店，你是我的客人，我们公司其实还有个投资项目，你要不要了解一下？如果你想了解的话，你可以到我们这里来看，我们其实别的店在开，你可以做我们的投资商。"也就是，他的店作为他的投资项目，是他的项目供应方，他的门店的消费者变成了他这个 P2P 平台的投资方。他真的是这么做的，因为他挖的一帮人，我很熟。

这个就是我讲的，第一个是工业技术，工业技术就是怎么把你做的这个事情，拉长一点。第二个是金融技术，不要单纯地去销售，做那种产品销售收入，你还要考虑到金融收入。第三个是，你的信息化技术不能纯粹地做内部信息化管理，你还要考虑如何跟外部接触。第四个就是新媒体技术，你要考虑如何用你的产品做入口，快速地低成本吸粉。

五、吸粉、互动、转化

我们公司是做无线 4A 的，其中有一块业务就是做手机流量营销。现在跟大家分享一下我们是如何理解吸粉、互动、转化。我先讲下其他传统行业，谈谈广东知名品牌"天地一号"。

"天地一号"老板陈总算了一下，如果去做广东以外的市场，营销成本和管理成本是增加一倍的，因为我的营销成本和管理成本增加了一倍，我的净利润会下降得很厉害。他现在是 30 多个亿可以做到 5 个亿的净利润，这是非常厉害的。他的"天地一号"是怎么做出来的呢？最开始他是做酒的，叫什么老烧酒，做得很烂，他酒做不好就做了饮料。他的土猪是怎么做的呢？他父亲原来是养鸡的，遇上禽流感，就干脆养猪了。也就是他所有的产品都不是设计出来的，是逼出来的，原来的产品不成功，就做了这个产品了。原来做酒，不成功就做饮料；养鸡养不好遇到禽流感，就养猪吧，没想到搞定了。这就是他传统的部分，接着还有他的"＋互联网"的部分。他做了一个"一号厨房"，因为我是湛江人，喜欢吃海鲜，每个礼拜都去吃的。"一号厨房"是怎么想的呢？我有饮料了，有酱油了，有猪了，有牛了，有鸡了，我搞超市吧。这就是从产品进超市的渠道，变成做一个超市，超市怎么做呢？于是他做 O2O。他第一个店在丽江花园，旁边就是华润，原来华润卖半头猪，正佳卖一头猪，他开了那个店，那一头半猪就不见了，全来他那里买了，这个就是他做一号厨房当时的现象。他是怎么吸粉的呢？你只要来排队登记，就送一个月的青菜，典型的免费拉粉。好，你成为我的粉丝，成为我的用户后，必须下载我的 App 才能送菜是不是，培养你的使用习惯，接着我告诉你，你只要预存 500 块钱，我把你肚子里的珠江水换成巴马水，只要预存就送一个月的巴马瓶装水。这就是他从用免费的青菜吸粉到用巴马水吸引预存。

六、手机流量＋互联网：流量银行与流量钱包

手机流量＋互联网有两个方向，一个是流量货币化，一个是流量后向经营。

流量货币化是这样子的，美元为什么是全球货币，是因为美国拥有最大的黄金储备，所以大家认同美元做全球货币，互联网也是一样，互联网到一定程度以后，一定会产生一种货币，可以充当等价物的，有公信力的，那我认为就

是流量！QQ 有 Q 币，阿里有阿里币，京东有京东币，每个商城都有自己的积分，大家互相怎么流通呢？用流量是最合适的，因为运营商是国家的，流量是值钱的，大家都认可的。

然后，流量的可交易跟货币化就变成了把运营商串起来很关键的因素。其实很多人都在做，就是所谓的"流量银行"。商家可以向运营商购买流量，通过活动的方式让用户完成任务以获得流量，用户通过完成任务获得流量后，可以在平台将流量转换成流币，通过流币可以实现话费充值等。用户也可以将流量供自己使用或赠送他人。在流量银行可以免费得到流量，并可给手机充流量、给朋友送流量、发流量红包等。在流量银行还可实时查询手机流量使用情况。用户参与营销活动获得流量，流量可以储存在手机流量钱包中，获得的流量可以通过流量钱包提取到该使用者手机号码或者转赠给他人使用，实现了三网流量的流通。

七、不确定时代的企业经营管理

我自己是个企业的经营者，常常要到客户那里去做培训。

第一，现在不要定战略，只能定目标，不要定五年十年的战略，没有意义，现在变化太快了。

第二，要找风口。要做"互联网 ＋"，必须要找风口，客户最需要的东西就叫"风口"。按雷军的说法，站在风口，猪都会飞起来。我们从事的领域，消费者是最大的，就是"风口"。

第三，要选点。不可能产业链全做完，必须选个点，必须相关的，hold 得住的模式才是好模式。如果现在做的东西跟你原来做的东西牛头不对马嘴，我不认为会成功。

第四，要 PK。PK 对应的是 KPI，不要用 KPI 去驱动员工，要用 PK 去驱动员工，PK 就是比赛。用 PK 的方式解决那些我不懂的事情，用敬畏的心态组织 PK。

我的目标就是 2016 年上市，我要做无线 4A，这是我的梦想。我们绝对是中国第一家提出来，要做"比技术更懂广告，比广告更懂技术"的无线 4A 广告公司。我跟员工讲，我现在就带着你们卖短信、卖流量、卖新媒体，一年之内上市，让二三十个员工持股。

八、风口就是客户最需要的东西

我们的团队搞了一轮下来发现，其实客户最需要的就是"风口"。因为我是搞数据营销的，我接触的就是 B 端的客户。我原来做我们的传统业务，短信业务，包括微信业务，我们积累了一万八千多个企业客户，我们有一百多个代理商。我就想，我的资源到底怎么跟现在的东西结合呢？后来发现手机流量是个很大的"风口"。今年全国 B 端的手机流量是 50 个亿，C 端的手机流量超过1 000 个亿，足够大的一个市场。

接着就是选点。我要做手机流量了，我要 hold 得住才行。我发现，尽量用产品作为入口，做 B 端业务的同时不要做 C 端。为什么现在很多 90 后创业失败？他是把创业当成一个项目来做，而不是作为生意来做。生意是要赚钱的，而项目是做给别人看的，你不能一直赔，我们不能干那样的事。我的理解就是，hold 得住的项目才叫商业模式。

九、做什么都没问题，hold 得住才行

我认为我 hold 得住的是什么？首先我是做企业市场的。我最早从新华社出来，然后在用友待了五年，外企待了五年，我的经验一直就是做 2B 的市场，我讲 ERP 我相信没几个人讲得过我，我对企业非常有信心，那我就做 2B 市场。我认为一家公司应该有两个产品，一个是保命的产品，一个是品牌的产品。

你必须有个产品能让你发工资，这个产品可能是"土猪一号"，没关系，赚钱就好。我的保命产品就是我的短信，每个月有两百多万元流水，能让我发工资。

接着我再创我的品牌产品和企业营销。因为有了保命的产品，所以我做品牌产品的时候我可以打价格战；因为我无所谓，所以新业务我可以不赚钱，但如果我一出来就做流量产品，我觉得我没那信心，也没那底气。

接着就是，当你用平台去切入整个生意的时候，一定要考虑做生态圈。现在你不做生态圈，纯粹做业务收入，一定会很快被对手复制、打垮。

当一个产品的生命周期走到"云"那个阶段，有资本进来的时候，绝对不可以再靠产品的销售利润去赚钱了，必须进入下一个模式，要有生态圈。"滴滴"打车就是生态圈，先用产品拉用户，抢占支付入口，扩大服务，慢慢把金融、用户、车构成个生态圈以后，你从哪个角度跟我打，我都跟你打，然

后他提出个口号，我不是做交通的，我是做生活服务的。我里面有现金流，有支付入口，有人，我做什么都可以。也就是你做产品的时候，一定要考虑如何用你的产品把生态圈构建出来，你不能用卖产品的勤奋掩盖了对战略的思考。

十、我们的商业模式

我们用B2C，我通过2B的业务赚钱，积累2C的C端，然后构建我们的支付，构建我们的C端，构建我们的B端。我们的产品格局就是，首先我们有个大数据，目前有十个亿的数据了，我们的销售数据将近一个亿，为什么我要搞大数据呢？因为上市以后我要做一个资本杠杆，跟我的投资者讲，我是很有价值的，接着我有产品，我有服务，我有销售。

当你有了这些东西以后就要考虑，如何大规模复制的问题。我以前犯的，也常常看到客户犯的一个错误是，为了让对手没那么容易抄我，我就把服务的门槛提得非常高。提高最好的方法还是给他做个性化。在广告业里面做个性化是什么呢？不用产品来驱动你的服务，而是用创意来推动你的服务。比如说我跟你做咨询，我很快可以说服你，但我请个员工来给你做服务，那太难了，或者他做的和我一样了，他马上变成我的对手了，这就是说，我们构建的产品服务体系，一定具备可复制性。那我是怎么做的呢？我构建一个数据平台，上面是大数据，我们原来最夸张的时候有30多个技术开发项目，把我痛苦死了，第一个是管理很累，第二个成本很高，第三个是对技术人才真的是"软的不行，硬的不行"，难招难管难留，三难！技术人才就是这个样子，你做网站肯定要招技术人才对不对？特别难招，也很难管。难留是什么呢，你给他一万工资，总有个互联网公司会给他两万，把他挖走。我就是做了一个平台，把我所有东西抽出来，标准化掉，接着在平台上面建设，开分公司也好，让我的产品比较容易地复制出去。

我自己投了一家做O2O的公司。我参加股东大会很郁闷，他跟我讲，我们这个公司现在是一身多职的，对焦是腾讯，接着要搞O2O，要搞个社区。我问他技术是怎么整合过来的，他说有个公司给我开发一套O2O系统，我就拿来用了，以后给他点股份。我说你肯定干不成，你只是买一套系统，因为你根本就没有懂系统，什么叫互联网的产品，就是快速结账，绝对不是买一套系统在那做运营的，而是根据运营的结果快速优化系统的。

做"互联网+"，特别是系统的时候，一定要考虑这个问题，因为有太多太多失败的案例了。你自己必须有个团队，hold得住这个IP的，以什么样的方式投入，外包、部分外包、完全自建，看企业家的风格。还有就是，你的技术老大是给股份、给期权，还是给原始股，或者是分批给，我觉得都是看人的。

十一、流酷平台生态圈：企业平台化

移动需要业务创新和收入，用户需要免费的流量，商家需要拉新、需要留存、需要转化。我们需要聚合很多流量的活动，需要聚合很多流量偏好的用户，需要发行我们自己的虚拟货币。这就是我们自己的生态圈。

一个客人买我的产品，他买的是用户，不是我的产品。我给你提供流量服务，你不需要买我的流量送给用户，你是希望买我的流量，通过一定的方法，我给你低成本带来很多的用户，这是你要的，我的方案一定要解决这个问题，否则我就无法解决快速复制的问题，所以我对业务人员的要求是非常高的。

接着就是PK。我们公司已经没有KPI了，我原来的KPI也是很厉害的。我说你不要搞KPI了，没用的东西，我们只搞PK。如果我想做一件事情，我说你找两个人来，做得好给你加工资，做不好三个月走人，很简单、很粗暴。很多时候我叫你做一件事情，我都不知道那是一件什么事情，这是一个不确定的时代，只有让不同特质的人去给你不同的建议，从不同的角度去不断优化，才能接近事实的真相，把答案找出来，这就是我今年一直推崇的PK文化。PK不是找两个人比赛，要他好看，而是一种机制，把答案找出来。

这种公司就是很扁平的，没什么太多中间层，我对中层干部是最苛刻的，我如果觉得他没什么价值，我一定把他炒掉的，我情愿对着员工讲话。中间层是没什么意义的，我原来就试过，一个总监，又一个组长，没什么用的，要小组制，组织两个小组，让他去PK，好的人加工资，坏的人把他并进去，这就是小组制。

选人，选两个就好了，有心有力有未来，有些人是个人，但他不是个才，有些人是个才，但他不是个人，要找人又找才，那是很难的，他首先要有学习力。这是个不确定时代，他首先要有自我学习能力，其次是执行力，给他一个任务，他能把这东西对接负责好。

企业平台化，我估计很多人都在考虑，就是企业孵化器的机制，也会是我们尽可能地去管理化，当你做互联网项目的时候尽量不用管理，一个组织最好设计一个游戏规则，做得好那样，做不好那样，不断完善规则，让他自己去运营好了。平台化就是，有一些项目，我们不用自己去做，让快要离职或者水平很高的员工，让他在企业里做孵化器，他都快要自己创业或者去对手那里，不如让他给你做股东。

"滴滴"打车的例子告诉我们，就是整合整合再整合。想想人才怎么整合，我们离职人员有个群，当我有些任务完成不了，就外包给他们，合作一下。

十二、流量平台：产品是入口，用户是资产

王老吉有个"超级加"的计划，每一个罐子有个二维码，扫码进官网就送 100M 流量，这个就是产品入口，用户就是他的资产。到一定程度，就会给苏宁导流，给京东导流，把流量变现，他自己就是个媒体了。接下来他肯定会做自己的用户体系，做自己的积分，自己的商城。

流量的用户需要有几个方向，是一个"风口"，投资回报率一定高过送赠品送花费，我们是做过调查的。我们在做一个流量平台，我们的角色就是，从运营商那里代理流量回来整合一个平台，做成一个游戏方案，提供给客户，这就是我们干的活。

我们做了一个自媒体群，我的流酷工作账户，聚合了共 3 000 万流量入口，所有流量入口都会变成用户的入口。前段时间我们做了个活动，广州有个关于脐带血的活动，我们就去医院的 WiFi 里，做流量酷怪，吸引的人群非常精准。

互联网金融，我们做了 100 家的互联网金融，App 的应用、手机的应用、微信的应用、网页的应用，这就是我们的生态圈。

我们的流酷，解决什么问题呢？这个平台让我们的企业营销人员通过平台，很快生成一个 H5 的游戏，配上送的流量，在朋友圈做流量开发，我们做中国首家流量平台。我们做了腾讯的 10 个游戏，上市发行都是我们做的。手游越来越大，对带宽要求越来越高，用户会希望体验越来越好。

十三、hold 得住的模式才是一个好模式

我认为，企业是否赚钱，不在于高端低端。卖猪肉多低端，赚钱；光伏产业多高端，亏得一塌糊涂。所以我们在做互联网转型的过程中千万不要盯住高端，要多想想我们原来做的什么，有什么资源，hold 不 hold 得住，做我们能hold 得住的东西。

商业模式并不是越新越好，hold 得住的模式才是一个好模式。专注一个细分的领域，做透做强才是一个企业的发展宗旨。商业模式就是一个杠杆，右边是钱夹子，左边是你的能力和资源，能力多高做多大的事。

以下是我跟一个互联网老板的讨论。总结了一下，主要观点都发在微信上：

（1）企业的DNA没有好与不好，我就是我，要经营沉淀，我是卖猪肉的，要多想想农产品电商怎么做，多想想农村的资产在哪里，不一定要像百度一样搞风险经济。

（2）我为什么做流量，我做了八年运营商业务，短信跟新媒体，我跟运营商接触了八年，这就是我的DNA，所以我一定要把我运营商的DNA跟我新媒体的DNA整合起来，这就是我的流量营销。

（3）根据行业"云、行、疯"三阶段，互联网金融已经进入了"行"的阶段，P2P应该回归诚信自律良性循环。

（4）很多平台慢慢用头盘的标准去做项目配置，更多用产业链金融做P2P。互联网金融太热，人才被挖来挖去，我深受其害。

（5）信仰非常重要。

（6）产品经理非常重要，他什么都要懂，有好的就让他做股东吧。

（7）个人借贷加二级市场配置包，高强度的营销投入，很快就出效。

场景化营销： 移动互联网的下一个风口

唐乃革[*]

场景化营销是近年来比较热门的一个话题，原来的含义是网络营销。随着移动互联网的发展，以及整个广告营销行业的发展，场景化营销成为一个热门的话题。我本人在工作实践中，和场景化营销有很深的关系，这次受协会委托，把我们平时总结出来的心得和案例跟大家做一个分享。

今天的分享主要有四个方面：

第一，对行业现状做一个分析，主要是借用第三方数据。第二，对场景化营销的定义、组成要素、一些风险动作的阐述，以及构建的时候要注意的原则。第三，成功案例介绍。从业界和企业的角度来讲，更多是实践的项目。前面理论部分说得很少，主要是自己的语言总结，案例分享这一块最重要。第四，对未来的展望。

一、行业现状

1. 行业现状分析

这里拿到的数据是 2016 年 6 月份以后艾瑞发布的关于中国广告界行业的报告，这个数据一般是全年数据，有一定的延迟性。这里面可以看到，2015年中国网络市场整体还是高速增长的态势，基本都是 30% ~ 40%，但到了2017 年和 2018 年会有一定平缓。2015 年中国网络广告总体规模是 2 110 亿左右，同比 2014 年增长 36%，预计 2018 年突破 4 110 亿规模。因为同学们入学以后在暨南大学新闻与传播学院学习，暨南大学的新闻与传播学院在全国都非常出名，在学术研究，包括和业界互动、实践的结合方面也做得非常好，祝贺同学们有幸在这个学院学习。此外，刚好你们所实践、所学习的行业就是个高速增长的行业。

2. 移动广告的发展

再看移动广告所占的整体网络广告市场的情况，可以看到中国移动广告市场整体增长比网络广告更快。自 2013 年起，这个时候智能手机开始大量普及，

---

* 唐乃革，中国电信 21CN 高级执行总经理，广东省广告协会新媒体专业委员会副主席。

以前是摩托罗拉和诺基亚，不知道大家有没有印象，像我们这一代人是用诺基亚、摩托罗拉手机开始的，到后面苹果彻底颠覆了手机的市场，触屏的智能机取代了传统手机。2013 年移动网络广告激增，增长 60% 多，到了 2015 年为 170% 多，整个增长的幅度非常大。2015 年数据是 900 亿，占整个网络市场规模的 43%，到了 2016 年增长到 1 500 多亿，2016 年移动广告已经占到超过 50% 的份额。现在在任何场景中都可以感受到，如果不是一些特别需要 PC 的场合，大家日常交流互动和互联网应用大多用的是手机。

3. 精准成为广告趋势

广告形式更加精准，效果更好。精准现在是移动网络广告的标配。比如作为媒体或者广告行业企业，一般第一个问题是，你的网络能否精准到达；第二个问题是，我怎么知道我所花的广告费到底收到哪些效果。在媒体广告还有一句很出名的话，广告界说的，我知道广告费有一半浪费掉了，但是我不知道是哪一半。在互联网广告和移动互联网广告里面，这种情况得到了很大的改善，因为通过效果的监控和各种技术手段，总是会让我知道我的广告费花在哪个地方，到底有没有效果，所以未来精准广告这个趋势会越来越明显。

4. 场景化营销、程序化营销、泛娱乐营销和自媒体社群营销，是未来几年营销发展主流

说到场景化营销，从 2016 年开始，整个业界都高度关注产品营销发展。互联网时代发展是从 PC 时代走上手机时代，这是两个时代。从业界角度来讲，两个时代有两种模仿，PC 时代自己建了一个网站，UV 是独立网站，如果日点击量超过 100 万，基本这个团队的日子就可以过得不错。它的商业模式主要还是靠广告经营，免费的应用获取到用户的流量，再把流量卖给广告。现在我所工作的公司，21CN 应该在网络广告界也算是一个鼻祖。因为 21CN 是中国第一个提供电子免费邮件的企业。我们成立于 1999 年，是中国电信成立的第一批移动互联网网站之一。当时有大量用户融入我们这个网站使用邮箱和新闻，但是我们想到的唯一一个变现的手段就是卖广告。我们自己的网站虽然有一定流量，但是在网站外面还有很多流量。所以当时在中国创立了第一个网络广告的联盟，把我们的网络广告分发到更多的网站上面，这些网站可能规模没有 21CN 大，但是长尾效应加起来会非常庞大。所以当时可以看到很多小网站上面有 21CN 广告，用户只要点击进来，我们的广告主就要为我们的广告联盟付费，然后通过一定的方式生成广告，并分成给下游团队网站。这是当时 PC 时代，流量决定了网站的活法。所以对日点击百万的网站来说，日子还是过得不错的。到后面的门户网站，大家拼命地把流量做大，获取更多的广告收入，PC 时代主要是靠流量挣钱。现在到移动互联网时代，也有大量的公司在创业，

但他们经常发布一些数据，说用户已经突破多少规模，百万级别是一个门槛，如果有兴趣的同学以后去创业，你会看到你的 App 突破 100 万就是一个很高的门槛，突破 100 万后会更加容易拿到投资，也会有更多的商业模式让你做尝试。但是话说回来，同样是 100 万，在移动互联网时代，日击活跃 100 万的 App 生存现状还是非常艰难的。可以说，如果靠自己去赚钱，基本上能够实现盈亏平衡就很不错，所以现在大量公司靠风投和各种投资进行支撑，向下一个门槛出发。突破 1 000 万后日子才过得像传统的 PC 互联网时代那样，这就是两种时代的两种活法。

原因是在传统互联网时代，广告是用展示的方式。我们可以看到这是一个网站，上面投放需要广告费，推动这个来吸引用户的关注率，你点击进去从而给广告带来价值，广告主给我们广告费。但是到了移动互联网时代，这个不是 PC，是一个手机。那大家可以看到，手机页面的版面是非常小，你点击进去以后才有可能出现三个比较大的展示面积。在传统门户上面，我们做的各式各样的广告，在上面就没有办法玩了。大家想一想，现在在手机上玩应用，哪怕现在上面就有一个是你自己感兴趣的，大家也非常反感。按以前流量的模式在移动互联网模式已经是玩不转了。因为按原来的广告面积计算，面积越大，越不值钱，在手机上也非常普遍，所以导致出现两种问题、两种时代两种活法。在传统互联网时代，流量经济逐步失效，这个时候我们就要研究用户的需求。不知道大家有没有印象，网吧有一段时间非常流行，大家轮流去街上的网吧里面打游戏或者聊天。电脑跟着人走，现在手机已经变成了人的"器官"了，所以手机上所有看到的一切是代表个人需求。这个时候要研究个人需求，围绕个人需求打造商业体系，也就是接下来要讲到的场景化营销，怎么推动线上线下，包括智能手机构造一个完整商业体系，从而在满足用户需求同时，获得广告主的青睐。

二、场景化营销是未来的风口

1. 什么是场景

场景，原来是戏剧和电影里面的专业术语，一般我们讲的是场面或者情景，当我们的编剧编好这个剧本以后，导演对这个剧本做一个分解动作，分成一个个场景。一般一部电影和戏剧，正常讲场景大概有 40 ~ 60 个。场景里面会包含几个关键要素，有时间、地点、人物。时间、空间、人物在一起会产生故事，即我们说的故事或者情节，四者的关系怎么连接，产生什么反应，从而构成一部戏剧或者电影。在这个情节里面大概分解成时间、空间、事件、人物关系。里面的人物就是角色，他们之间是什么关系，在什么时间发生什么故事，这是一部电影的构成。

2. 营销场景的五个要素

同样营销场景也包含五个要素。在不同时空里面，构建出不同的营销场景，和电影差不多。举个例子，就我本人来讲，我们在不同场景里面的角色也不一样，比如我在办公室，是公司的一名职员，有自己的岗位，有自己的KPI，有自己要完成的任务。但是在商场里面，我是一名消费者。我印象特别深刻，以前在天河城，大家经常喜欢逛街，在里面吃东西、买东西，现在慢慢发展起来的商场，都是人山人海。但我现在不喜欢去这个地方转了，因为人很多，所以现在基本上在手机上完成一些购物的动作。除了线下去体验，比如：看一下衣服穿上去的感觉是什么样，或者带小孩子玩一玩玩具，或者去海洋馆体验，这个时候才去线下。出差是旅客，回到家是父亲，所以在不同的场景里面角色都是不同的，同样时间也是不一样的。在充当不同角色的时候，对应着不同的需求，比如在机场我的需求是买机票，要么马上上飞机，要么在等飞机的时候解决填饱肚子的问题，所以大家在机场里面可以看到餐饮店和书店是生意最好的，第一个是吃，解决食物需求，第二是解决精神食粮的需求。不同的角色产生不同的需求，也给我们带来不同的营销机会。大家可以从电影延伸看营销场景的五个要素。

3. 整合品牌传播从争夺入口到争夺场景

刚才提到不同角色产生不同需求，现在广告行业传播已经从以往的抢夺流量、抢夺用户，到了现在要抢夺场景。以宜家为例，宜家拥挤到什么程度呢？首先在广州东站附近的宜家我们可以看到，人是非常放松的，比如里面的一些沙发可以随便坐，甚至枕头也可以随便体验。前段时间有一个新闻说在宜家里面，感觉顾客是故意捣乱一样。其实宜家非常理解顾客对场景的需求，因为到了这样一个场景里面，本来要买这些货品，以后要摆在家里面，回到家是最轻松的感觉，所以需要营造一个非常放松的环境让你体验。由于这种商品体验文化，可能从宜家买回去不是一个非常急需的商品，是因为喜欢这种文化、氛围所以买回家。顾客往往在这个时候对价格不太敏感，比如贵个十块、一百块都觉得不太重要，这就是宜家聪明的地方。

宜家在地铁站打造场景。地铁里也有宜家的沙发，书柜是用喷漆喷上去的，所以你候车的时候也感觉像在自己家里面那么舒服。这个时候宜家的品牌深入到脑海中去，这是在地铁车厢里面营造了家的感觉，这些色彩非常炫目，坐地铁的时候感觉这个沙发不错，接下来掏出手机，宜家就会把这个送到你家里去，宜家在这一块把产品营销做到了极致。这些都是品牌的巨头要去抢夺的入口。

4. 场景化营销的三大主题

第一是媒体，第二是用户，第三是广告主。在前面通过宜家也给大家体验了，媒体就是把空间整个进行了扩展，跨越时空创造了一个连接现实世界和虚拟世界的场景，像刚才提到了地铁站，地铁站是一个现实的场景，但家是一个虚拟的场景。他们通过场景实现了两个世界的连接，物理世界是我们做场景营销的非常重要的基础。第二个主题是用户，即消费者。一方面我是媒体用户，比如我是坐地铁的人，地铁车厢用户，同时也是广告主产品的消费者，是宜家的消费者。我坐地铁，或者我去逛宜家，消费场景是营销场景的中心，由此场景化营销定义是广告依托媒体创作用户场景，围绕用户创作消费场景，以"应景"的创意（大家注意这个词），创造了一个全新的场景化营销，目的是实现广告主的营销目标。这里"应景"用一句话概括，即在对的时间、对的地点给消费者提供对的信息。

5. 场景化营销的四个基本动作

我做了一下分解。第一是连接。在宜家的例子里，通过物理空间的扩展，把现实世界和虚拟世界做一个连接给你营造家的感觉，实现了情感连接。第二是体验。在宜家里面可以随便坐，有的东西可以随便打开。这个是体验营销，有互动的因素在里面。现在还有越来越多的 AR 技术，这一块是在研究情景怎么在体验方面给用户更好的体验，加强用户的代入感。第三是分享。主要是摄取力量把营销效应做大、发酵。比如现在体验宜家地铁这种家的感觉，就会拿出手机来拍照，分享给亲朋好友："今天在体育西的站台终于体验到了宜家的家的感觉"，把这种漂亮图片分享到朋友圈里面，你的亲朋好友也会好奇这种体验，这种营销的效应放大了，促成了情感的发酵。第四是行动。从广告角度来讲是去宜家搬东西，要么是手机下单，把东西拿回去，这也是营销最终极的目标。这四个基本动作其实没有区分哪个是开始，哪个是结束。刚开始连接这个产品体验之后分享下单，也可以从体验环节直接开始，比如从朋友圈里面分享这样一个场景，直接进行体验，体验之后到分享、行动。再把这样一个场景推到更多的社群里面去，让更多人连接，所以实际形成了一个环。如果用户产品体验很好，会不断创作一些消费场景，这样品牌会不断强大。这一切最重要的是围绕用户价值，有没有在对的时间、对的地点，给消费者传达一个对的信息，能否满足他的需求。比如大家上了一天班，都很累了，然后赶路时看到一个有家的感觉的地方，肯定非常希望坐上去靠一靠。开个玩笑，刚才的地铁站肯定是国外，如果是体育西，沙发肯定都塌了，因为人太多了。所以在那个地方刚好有这样一个场景，肯定大家非常迫切地希望去靠一靠。这种体验是满足用户这个时刻的需求，他得到满足了，同时他的一些行动也给客户带来价值，比如提升宜家的销售量，强化品牌。

再举一个案例，菲律宾在香港做得非常棒的产品营销案例，虽然这是2014年的案例，但是到今天也值得我们研究。香港和广州的天气差不多，潮湿多雨，因为属于海洋性气候。香港肯定是非常期望有晴朗的天空，在电影里面可以经常看到。菲律宾航空在香港一些大马路上面用一种特殊的油漆做喷涂，喷了一个想象空间大的绿化，然后在上面画了一个太阳，因为菲律宾是一个阳光充足的地方，阴天很少，有沙滩、海水，是很多生活在香港的朋友所向往的。这种营销的特殊性在什么地方呢？人们在马路上走路的时候可以看到这个场景，于是消费者只要用手机扫二维码，就能进到航空公司订票的网站。显示香港到菲律宾优惠机票，如果做得好，下面还会出现一个天气预报，显示未来三天或者一周内当地的天气，所以当时在香港做了一个营销场景，对这个航空公司在香港的销量起到了非常大的促进作用，这是从情感上把大家从一个阴雨绵绵的城市连接到了一个阳光灿烂的沙滩，实现了情感连接，满足了大家度假放松的需求，从而在满足用户价值的同时，也创造了广告主的价值，这是一个很棒的营销案例。

6. 传统互联网满足用户的三种需求

传统互联网时代的三种典型需求，现在已快速成长起来了。这三种需求，第一是连接人与信息。一直到现在，大家想找什么东西，百度一下非常方便，比如我做PPT，要找一个案例，随手一敲就出来了，甚至图片也出来了，这个时候是人与需求的连接。第二是人与商品连接。以前大家买东西是到线下店铺超市商场里面买，当年阿里巴巴借助"非典"一炮而红，因为人们不敢出门买东西，只能在家里、办公室里面通过电脑支付。阿里巴巴还创造了中国特色的工具，即支付宝。因为以前中国是普遍缺乏诚信的社会，给了钱，万一不给东西怎么办，如果去商场就没有这个问题，你不给我东西我就一直守着，但是在网上给了钱不寄东西，顾客就一点办法也没有；所以支付宝这样一个工具，解决了大家在电商上面的疑虑，也促使支付宝的使用市场成为全球第一大市场。我国电商比美国、日本都发达，我在美国和日本看到社区里面到处都是便利店，解决人们的日常生活需求，如果要买大量的日用品，人们就每个礼拜开车30多千米到沃尔玛这些大型超市买，所以他们的电商没有我们发达，人工成本也高。快递员送一个东西过来，成本比货物本身贵得多，阿里巴巴使得人与商品的需求实现了快速的增长。第三是人与人的沟通需求。这里面说的是腾讯，QQ、微信的使用，满足了人与人之间沟通的需求。这些都是传统互联网时代的三大需求。人与信息、人与商品、人与人的需求被满足，所以产生各种各样的大型互联网公司。

7. 移动互联网时代，人与人的场景连接越来越多

移动互联网时代，手机不但可以随身带，而且成长为人体的一个"器官"。在移动互联网的时代，人与场景的连接越来越多。比如一个打车案例，以前大家打车是的士，现在最多是"滴滴"，开始还分化，"滴滴"、UBER等，现在好了，"滴滴"已经实现了垄断。给用户构建的几个场景，比如有专车、快车，这里只是车型不同而已，当然价格也不一样，专车会高级一些，快车档次偏低一点，但是这两个车至少比的士体验好得多。后面又出现顺风车，早上上班大家一起走，这样也环保，节省道路燃油，特别是现在很多年轻人拼车上班，所以顺风车应运而生。"滴滴"有越来越多的用户和场景以后，开始进入代驾的市场。以前 E 代驾把很多消费场景覆盖了，比如饭店吃饭的时候，有一个代驾的广告牌，只要扫描下载一个 App，首单是免费的，打一个电话马上有司机来了，你吃完饭了司机接你回家，这个场景营造得非常好。这就是满足很多用户吃饭喝酒的需求，"滴滴"介入以后，因为原来已经有庞大的用户群，竞争要做的就是补贴，巨额的补贴把消费者从代驾拉到"滴滴"，所以自从我用了"滴滴"以后再也没有用代驾了，因为这个体验真的非常好，比如你可以在手机里看到司机走到哪里了，而且看到你的周围有多少司机，价格是多少，这个场景里面的体验会更好。我今年做材料的时候，发现又多了一个场景，叫作包车。代驾里面有一个分享是包车，把这个司机包了，比如七八个小时，有时候去深圳出差，想在车上处理文件，车是我自己的，但是缺一个司机，你可以叫一个司机过来，他可以陪你一天。这样有一个优惠，去深圳298元，七个多小时，相当于往返，很多上班族和商务人士肯定有这个需求。所以移动互联网时代人与场景的连接越来越多，而且越来越垂直，越来越细分。

8. 场景建构的原则

（1）自然。

前面讲了很多什么是场景，什么是消费者产品，怎么做产品营销。也给了一些案例，但是做这个还有基本的原则。前面案例分享也讲到，第一个原则是自然。比如拍电影，一部电影出来看到网上很多影评，说这个地方穿帮了，本来是一个古装戏，怎么有一个人拿手机过来做背景呢？这个是剪切的时候没有留意，所以反映的场景是不自然的，当在一个场景出现不自然的时候，用户正陶醉于营造的情感世界时，一下就被一个不自然打断。反过来，整个场景里面一直是非常连续和自然，你自然会被引导去实现营销目标。下面看一下 21CN 的产品流量宝，在 2016 年央视微信红包里面，花了很多广告费，给了央视几千万、微信几千万做产品推广，当时的营销策略是看联欢晚会的时候送微信红

包，也送流量，所以这一款产品的装机量是六七千万的规模。花了这么多钱打造出来，活跃度也非常高，每天是五六百万左右，接下来我们就要考虑怎么去赚钱，怎样产生效应，流量宝的核心就是满足用户流量不够的需求。有几种方法，一个是挣流量币，通过流量币来兑换流量。还有一种是直接买流量，这个使用的人比较少。其中有一个流量查询的场景，支持你查询手机流量剩余多少，这是大家日常最关心的问题，如果流量用超了以后，费用会非常贵。所以大家可能会留意现在剩下多少流量，我们会加一个流量按钮，有两种加流量的方法，第一可以用流量包里面的流量币兑换，第二可以直接掏钱订购。这是流量包的订购场景，为了方便消费者，可以提前把这个包定好，比如 100M、300M 都行，这是通过大数据分析出来，平常用户最喜欢订购的是哪些流量包，大家看这个场景很普通，其实里面做了很多工作，后面有算法和模型进行支撑。通过这个场景连接，大家就比较自然，先查流量，如果不够了就要充值流量，整个营销的动作很连贯。

（2）具体。

好不容易把消费者连接过来了，但是又吞吞吐吐，传达信息含糊不清，那么前面的工作就白费了。现在举个例子，经常坐飞机的人手机里可能会装一个很好玩的游戏，要预测航班是否延误，因为现在航班延误已经是家常便饭。航班延误原因很多，有兴趣可以去网站看一下。这个东西和赌博一样，没有办法预测航班到底会不会晚点，但是这个软件可以通过大数据挖掘，预测航班的准点率，还能够把起飞机场的天气情况和到达机场的天气情况，以及这个礼拜内的降落时间也列举出来，看完这些数据以后，在这个游戏可以下注，完成规定的动作，可以挣到积分，使软件不断活跃。我自己作为行业内人士，觉得从游戏的角度很好，但是不能产生更大的经济效应。如果在玩游戏的同时有一个航空延迟保险，如果你买了以后，飞机延误了超过多少分钟，保险公司会给你赔钱，这是和保险公司合作，接下来我预测会在这个环节里面出现销售航空延迟保险的功能，如果推出这些功能和数据，应该是可以引导所有用户去购买的。

（3）场景里面要多采用外部触点。

第三个原则是场景里面要多采用外部的触点。因为有统计数据，80% 的手机 App，平时基本很少打开，可能每个礼拜打开一次就不错了，平时是不会想起来的。如果我把这个产品放在 App 里面，那么消费场景也好，营销场景也好，因为用户很少打开 App，就达不到和用户的连接。你构建多漂亮的场景用户也没有机会看到，所以应该多利用线上线下的处理，这是外部处理。线上处理大概归纳一下，采用手机里面的通知栏，刚好我去北京出差，通知栏里面有高德地图发出来的一个通知，我一看有点兴趣，因为出差比较辛苦，想着可以休息一下。我看到这个标题有几个坏消息，一下子就把好奇心勾起来了，肯定要点进去看一下，看了之后发现国庆之后连上七天班，这个是有调侃的意思，不过还是觉得高德很贴心。再看它把天气预报已经放到第二个栏目里面了，可以看到未来天气是怎么样，提前规划出行。高德连接的首先是开车人群，国庆节人们关心道路堵车，这个在高德里面成为标配，现在预测道路拥堵情况，还有出行是否受到天气影响，所以整个场景连接非常自然和具体。把前面两个原则都用了，但是不打开这个高德地图还是没有办法知道这个信息，所以用了外部的信息。第二个线上处理是位置信息，大家可以看到百度也推出了定位，这方面做得很好，而且大家知道不只是用这两个 App 的时候才能够做位置应用，网页新闻客户端和很多应用客户端，要么是高德，要么是百度地图接口，在使用地图便利性同时也给它贡献这个信息，所以大家可以看到地图上面有各式各样的地点信息位置。你点开一个链接，有一些酒店订房 App，利用外部位置信息处理，还有一个线下很好用，但是经常被大家忽视了，因为现在很多短信大家收到了不会刻意看，但是有一点，你在使用某个具体场景的时候，比如要改密码，一般会用短信验证，这个时候肯定要看。我在南航购票完了以后，因为要等待时间确认，确认了以后发一个短信，我肯定要看短信，它做得非常贴心。南航已经推出座位预选功能，买票可以提前一个礼拜让你预定位置，只要一点击就可以出现页面，提前把位置定好，而且热门航班有一个收费功能，比如买这个座位是多一些钱。我对座位有一点要求，我不喜欢靠窗的位置，因为进进出出不方便，我喜欢过道，所以一收到就把位置定下来，这个时候就满足了我要预定的需求，所以这是短信提醒信息。如果不想消费者反感，要把这个场景用好，其实是要了解用户诉求。了解他需要什么东西，后面会讲到大数据应用。

精准地给对的人在对的时间推送对的信息。还有大量触点在线下，而且很多有互联网基因，比如中国电信在四川做了一个非常成功的案例。现在电信运营商开发电子渠道越来越多，现在去营业厅的人慢慢下降，乐山电信的管理层想了一个办法，把电信营业厅一部分做成商场的样子，把跟电信有良好合作关系的商品放到营业厅进行销售，这个也是带有互联网的基因，通过中国电信的支付工具——翼支付进行链接。因为电信里面办理一些业务买一些机器，电信有一些营销成本补贴，以前是补贴话费或者是流量，但是对于电信用户来讲，可能不只是有这样的需求，比如要买矿泉水，还有食品、纸巾等。现在把这样一些补贴放到用户翼支付账户，不能提现，只能消费，可以在电信旗下几百家用户消费。另外还设计了很好的消费场景，比如一个月有两天是家庭日，周末全家人带小孩可以逛电信营业厅，用翼支付购买商品，一下子从线下把人群和线上联结在一起。我们叫作带有互联网基因的产品，这是整个电信集团公司推广的样本，很多省到这个地方学习，我之前也在这个地方做调研，学习到了很多生态化的做法，反过来推广商品，把他们做大了，他们也去给电信推销业务，包括手机、宽带，这样就形成了一个生态圈。

9. 数据场景化是大数据应用未来的方向

上面讲了构建营销的三大原则：自然、具体、多采用外部触点。这些想起来容易，但做起来需要一些硬条件，关键是技术驱动，有强大的技术团队和开发应用能力。前面讲了，在对的时间、对的地点给对的人讲对的事情。你怎么知道在这个时间这个地方这个人是对的？你讲的故事是对的，这个命题用技术来解决，就是大数据场景化。我们举的是运营商例子，用户使用的时候是否有位置信息、使用习惯、用户属性、男女年龄段多少等，通过分析数据，可以把这个趋势分析出来，比如性别、年龄、职业分布、兴趣情况等。使用这些业务的情况包括有没有出差、漫游等，可以评估出来这个人群或这个属性。这一千万人口里面大概是有哪些人群，经常在什么地方活动，因为这里面和地理位置相关，可以做一些展示，从而评估附近商业设施的价值，或者做某个营销活动的时候、做设计的时候，选择这个地方做合适吗？户外投放广告好不好，每天多少人经过，比如投放一个汽车广告，经过的到底多少人对买车有兴趣，多少人有车，未来多少年时间放车，把这些信息分析出来，对制定营销策略非常有帮助。现在这个也是我们在广东省广告协会做的一个实验性项目，因为有很多户外媒体企业，配合一些龙头企业，强强联合，做这样一些实验，有专门的数据团队做算法和模型给我们协会会员带来合作，因为他们有媒体，我们做完了一段时间后，如果有成果，到时候给大家汇报。我们相信做这个事情是非常有价值的。

三、成功案例

通过大数据分析可以把前面讲的场景营销原则应用得非常好，你构建出来的产品也很自然、很积极，而且也可以通过外部的触点连接你的用户。场景化营销一些大的框架，还有基本的做法和里面的一些具体案例跟大家做了一些分享。下面与大家分享一下21CN等成功案例。

1. 第一个案例

第一个案例是公益活动。在三星手机做的公益主题活动中，主题是为学子圆梦。每个孩子的梦想都值得尊重。这个活动是在广东的梅州举办的，我们选了五个贫困山区的儿童，他们没有在像样的球场上踢过球，都是在一块空地上踢球，但是他们的球确实踢得非常好，我们就把这些儿童请出大山，到天河体育中心，让中国国家队的球星拉着小孩的手一起走进这个球场，让他们作为中场的球童参加这个比赛。参加完比赛以后去了球员家里做一个互动，互相拜访，互相送一些礼物等。在孩子的童年时期，他喜欢足球，有这个梦想，希望把球踢好，希望有一天走出大山，在球场上驰骋，我们让他这个梦想可以提前实现，而且是巨星帮助他实现，所以这样一个主题出来以后获得媒体广泛的关注。这个场景是每一个孩子的梦想。第二个事情把这种效应进一步放大，因为前面只是五个小孩，我感觉受益面太小，之后和当地的体育中心沟通，决定把这个事情继续推进。因为第一阶段效果非常好，不管是俱乐部球员，还是三星手机和各种媒体都希望我们把这个活动进行得更深入，所以第二次去到梅州，把球星请到梅州。把踢得好的小孩集中过来，跟他们一起互动，鼓励他们好好踢球，因为作为一个球员，想想自己小时候也是这么走过的，用自己一个很励志的故事来鼓励大家，这样活动使得情感进一步发酵，然后大量新闻媒体报道，包括央视"足球之夜"专门做了一个纪录片，宣传这件事情。还有当地小孩的家长，在微信上面做了分享，引起了社会的广泛关注。这个时候营造了一个跨界的场景，从关爱山区儿童，而且是以体育为主题，连接了中超联赛的场景，有足球明星在这里面起到了情感桥梁的作用，到最后爱心的圆梦。可以说我们这样一个场景构建，一步步深入，非常自然，而且有一个具体活动。外部的促进则是各种各样的媒体，包括中央报纸，还有网络等。这个活动应该说持续进行着，现在正在规划第三期，在当地捐助一个标准的球场，解决这些小孩的球场问题，建立少年儿童俱乐部，让更多小孩可以成长起来。所以我们也希望在座的各位，包括观看手机的各位也共同关注这个活动。

2. 第二个案例

第二个案例也是很成功的跨界营销活动。这是 2013 年，当时在亚冠胜利的前期开展了一个主流活动，其实这个前期有一个活动是"恒大太太团"。因为亚冠比赛分主会场和分会场，这个比赛是跟韩国踢，客场在韩国首尔。我们把球员的夫人组织起来，组成恒大太太团跟我们一起出征韩国，为她们的亲人加油。经过这样一个成长发酵，现在回到球场，就在天河体育中心。要马上决定冠军是否是恒大。全国媒体、球迷和亚洲球迷都高度关注，这个时候推出来亚冠冲刺的活动，前面有一系列的活动。大家关注这个球，但是到现场看球是另外一回事，因为就 4 万个座位，你能不能是 4 万人之一，最关键是能不能拿到进场的门票，我们把门票跟话费充值做了一个巧妙的引导，有一个抽奖，大家说抽奖也不是公开的，肯定都是你们的亲戚朋友。为了做到公正，我们当时在这种技术的设计上，花了很多功夫，我们把这个充值和上海股票证券交易所的指数挂钩起来，而且是工作日，炒股开始的时候才开始抽奖，因为股指永远没有办法预测，任何人也控制不了，但是算法是公开的，所以只要把股指放上去，把算法运作起来，用手机号码抽奖，这个手机号码尾数是公开的，大家就都放心了。其中一个因子是上证指数，第二因子是充话费，你充值越多中奖概率越大，奖金 40 万元，所以单靠这个活动，1 000 张门票就拉动了 6 000 万元充值收入。这个案例在 2014 年被评为中国十大经典案例，不是搞一个简单的抽奖，而是通过前面一系列的场景固定，把大家连接到这个场景里面来，连接完了之后融入这个场景里面体验发酵，最后落实的行动就是充值。在这样一个场景里面营销，从整个设计执行过程来讲，非常连贯，一气呵成。这就像拍一部电影一样，从开始到结尾都很好。

3. 第三个案例

第三个案例是天翼分享活动。活动号召大家分享好东西，没有什么原因，就是分享礼物。这个是广告主说的，比如华为、爱奇艺，还有可口可乐，很多大品牌网络都借助这个进行品牌传播，因为看起来没有任何功利性，所有的奖品都是免费，所有人都可以来拿，而且是中国电信举办的。这样一个活动把中国电信几百个公司调动起来做宣传，放大传播，所以看到整个效果还是非常不错。华为做了一个活动，整个传播量达到 100 多万人次的引流，填写个人资料抽奖参与有 20 万人次，华为才出了 30 台手机。这个效果非常好，现在他们说，能不能下个月一起上，不能只给一个品牌，所以这个月可口可乐会上传，通过这个活动，觉得福利多了，影响力慢慢就出来了，后面魅族、小米电视都在跟我们合作，希望通过这个活动传播，活动的理念就是每个广告主只有一块钱的成本，但是十个广告主加在一起就有十块钱，那么十块钱的营销成本，放一个产品营销活动里面来就是抽奖这么一个简单的活动，就可以产生十块钱营销效应，让大家分享好处。

4. 经验分享

总结一下以上三个成功案例：

第一，产品营销一定要场景化，而且要有故事。哪怕一个简单的天翼分享，其实给大家一个感觉，好像天上掉馅饼一样，而且通过媒体营造线上线下传播。

第二，圈定了特定人群。比如球迷，喜欢体验新东西、新产品的人群，这个是特定圈定的，通过这个活动组织，从而推动更多创新产品。天翼分享现在主要是线上，上个月我去了乐山，觉得他们的线下营业厅非常好，所以决定把天翼分享也放进营业厅里面。去营业厅办业务也可以抽奖，反正全国共用，所以这个会促使更多人创新产品出来。

第三，越来越细分，越来越垂直。信任是一个关键，哪怕搞一个抽奖，大家都不信任你，不敢来充值，那这个营销活动就相当于没有按照你的规划走。

第四，要实现跨界活动。一方面，现在产品营销单打独斗产生的效应有限，要大家联合起来，包括媒体、广告主，各种各样的资源整合起来，一起实现跨界合作，实现交流互动。另一方面提高公信力。比如天翼这样的大品牌参与，至少不会造假，因为一旦造假后果很严重，这么多大品牌在里面，所以这一块是增强受众信任感，用户也会慢慢沉淀下来，因为圈子是固定的，如果一直在这个圈子里面活动，就会发现他对我营造的营销场景是真正感兴趣的，才是真正的用户，这样才能够打造全新的商业模式。

四、未来展望

最后对场景化营销做一些展望。有一些已经在做了，比如 VR 场景化营销。迪士尼的一款游戏，在游戏里面拍一个小电影，这是 VR 场景。Facebook 老板在 VR 的大会上，大家都戴 VR 头盔体验沉浸式的场景。现在 VR 设备还不够轻巧，还在不断优化中，我们公司有专门的 VR 团队专门做这个东西，很有创意，头盔的成本和优化空间还很大，所以在这一块随着技术进步，VR 产品营销会走得越来越快。这个是真正把整个过程连接到产品里面去，把虚拟和现实世界无缝地连接起来。这个是无人机的产品营销，左边是一个啤酒，无人机可以把啤酒送到门口，国内做的无人机比较多，通过互动在项目上面做一些整体显示活动。随着技术进步，应该有越来越多营销活动进来，营造更具体的营销场景。引用一句经典的话：传统的营销越来越难触动消费者，因为现在经过一个普通的广告牌也只是看看而已，能否打动浏览者很难说。因为解决不了刚才说的几个要素：对的时间、对的地点、对的人。我刚好经过这个地方，就知道我的兴趣，传达一个信息，这是很多广告牌很难做的。以前报纸广告印得不够还夹带，现在报纸几乎没有广告了，就是因为报纸不能知道用户兴趣，不能知道我想要什么。

整个产品营销在移动互联网时代是非常大的"风口"，如果大家有兴趣，可以平时多关注这方面的实践案例和理论框架。我们是代表公司加入这个广告协会，下面我对我的公司做一个简单介绍。21CN 于 1999 年成立，有两个牌子，一个是中国电信综合平台运营中心，一个是 21CN 运营中心。我们是中国十大门户之一，做互联网营销有 17 年经验，也是中国最早的邮件服务商，现在我们最大邮箱产品是中国电信品牌下面的 189 手机邮箱，有 3.8 亿的用户，还有中国电信免费天翼云，首创移动、联通、电信三网手机营销信息，流量包我在前面也做了分享。还有线上的流量控产品，在流量市场上面满足不同用户需求，在体育营销这一块也有很多案例。跟恒大俱乐部，还有苏宁、华夏有良好的合作关系，这是我们 2016 年的政策。总而言之，我们是中国电信旗下最具有媒体价值、品牌影响力的互联网公司，是一个非常"古老"的公司，在互联网行业可以生存超过 17 年，这样的公司不多了。在整个互联网潮流里面公司成长起来快，倒下去也快，从这一方面来说，我们在伴随着互联网成长的这段时间里积累了非常多的经验，当然教训也非常多，所以我前面讲了产品营销的案例。这些案例也反映了日常服务于广告主、合作伙伴所产生的经验和教训积累。

数字媒体的异常流量数据分析与解读

邓广梼　陈传洽　赵　洁

赵洁，秒针系统首席营销官。

一、座谈环节

邓广梼（以下简称邓）：在座的各位朋友及在直播间等候的网友，大家下午好！欢迎大家来到《岭南新媒体说》的直播间，我是今天的主持人——互动通控股集团的总裁邓广梼。《岭南新媒体说》由广东省广告协会主办，暨南大学新闻与传播学院和 21CN 媒体、名传无线提供技术支持。大家可以在《岭南新媒体说》直播间的直播平台进行收看，也可以在花椒直播（36365802）、映客直播（128956243）、YY 直播（1331994988）来观看我们的直播。今天，《岭南新媒体说》第三季第四期就由我跟另外两位在我旁边的好友一起跟大家分享。我们今天的话题是：数字媒体的异常流量数据分析与解读。两位嘉宾是来自精硕的陈总和秒针系统的赵总。我们今天讨论话题就好像拉家常一样，大家可以在平台上留言，向各位嘉宾提问题，我们稍后会给你们进行解答的。当然啦，也欢迎大家打赏。我们本次座淡收到的任何"现金"都交由 21CN 媒体捐给慈善机构，希望他们能够非常好地做起来。好的，我们开始吧。在开始之前呢，我给两位嘉宾每人 30 秒的"广告"时间，请你们介绍一下自己，介绍一下你们的企业。

赵洁（以下简称赵）：我是来自秒针的赵洁，现担任秒针的 CMO，非常荣幸受到小麦老师和《岭南新媒体说》的邀请来谈一下这个异常流量的事儿。其实这件事儿并不好谈，我跟 Kevin 说我们能换个话题吗？我们不要谈这个问题了，因为这是一个非常敏感的话题。但既然我们今天必须说这个话题，我们就说说，说错的话，反正我也是"网红"。哈哈，网红对于说错的话可以不负责任。OK，第一次做网红，如果做得不好的话，请大家多担待。

陈传洽（以下简称陈）：现场的朋友和在线的朋友，大家好！我是 Kevin。今天非常高兴，因为 Michael 开场就提到我们两位是好朋友，其实我们平常聊天都是各种天南地北，今天专门谈一个话题还是第一次。尤其是因为我们公司

 邓广梼，互动通控股集团总裁。陈传洽，精硕科技首席运营官。赵洁，秒针系统首席营销官。

其实也在做这个数据广告的监测，其实秒针也是在做这件事情，大家差不多都做了十年，我认为我们两家也算国内比较有权威的，但是却很少同台演出。我认为比较有意思，私底下也是朋友，虽然今天题目比较敏感，但希望为我们的行业，为广东的广告协会作一点贡献，尽一点点薄力吧。

邓：精硕和秒针在数字媒体的监测行业是佼佼者。我不敢说哪家是第一、哪家是第二，因为不是这家第一就是那家第一，所以今天请到他们来谈这个话题。很多人都说谈这么一件不容易的事情，非常感谢他们。当然我更感谢的是广东省广告协会给我们这个平台去参与。接下来我们先请 Kevin 跟我们分享一下。Kevin 来自广州，赵洁来自上海，我来自北京，所以这是来自三个不同城市的分享。我们的话题是"数据异常流量分析"。我想两位都是专家，我们先做一个定义，在这个数字营销里面，数据异常流量定义是什么？Kevin 你先来。

陈：我先抛个砖，因为我接触广告或数字媒体是在美国开始的，我先用一个国际意义上惯用的定义吧。在英文中，inaccurate 是最恰当的，意思就是说不是准确的流量或者不太正常的流量，我们中文翻译就是"异常"。所以这个定义应该是我个人倾向的一个定义。这就是"非人为的行为"，这很重要。

赵：其实，中午我就跟小麦老师打过招呼，我不是一个专家，是一个 big sales，不是 CTO，但是说到异常流量的定义，确切来讲的话，刚刚 Kevin 讲的"非人为的流量"，其实我们仔细想想，这似乎没有一个很明确的学术的定义，但是在我们既有的工作经验当中，我们通常说的"机器人流量"，就是这样的概念。因为其实我们永远都判断不了在电脑前面到底是一只狗还是一个人，所以有时候我们会讲这些话。其实从我来讲的话，什么叫异常流量？今天小麦老师问我的时候，这个定义怎么定？其实我想了想，这其实挺难定义的，因为在做流量的识别的时候，我们有很多的算法，无非是要找到那些"非人类的流量"。这个似乎特别难定义，但大家能感受到这件事儿是怎么回事，我们回去可以就这个定义做一个学术上的讨论。

陈：我想给个非常生动的例子。我相信在座的同事们、同学们或者线上的观众，不一定对营销或者数字媒体很熟悉，我们有个非常简单的道理，就是我刚才说的更倾向 inaccurate 这个意思，或者不太准确的流量。比如我是一个广告主，我还经营一家餐厅，我在深夜两点钟到凌晨四点钟去打广告，这个其实可能并不是一个真人在看，所以这个两点到四点的广告对于这个客户可能是一个异常流量。因为他本来不希望在两点到四点出去转，所以，它的定义的确是很泛。因为在 ADmaster 我就讲过，我们公司精硕科技对这个定义有四大方向，但是笼统地谈及今天的话题，我认为其实就是你不想要的一些流量。

邓：补充一点两位的背景，Kevin 以前是在尼尔森的，尼尔森应该是一个百年老店了，所以做调研的人都认为它是一个"少林寺"。而赵洁也是在尼尔森工作过，也在非常传统的CTR或者类似的数据公司，我们都知道CTR是老大，最近的几年都加入了数字媒体，现在在秒针，所以他们都算是权威的人士。我相信刚刚开始的时候，我们两位嘉宾是比较保守一点。我们为什么要谈数据异常流量？很多时候当客户投放广告在数字媒体的时候，对出来的数据他们都提出来一个问题："这个是秒针或者这个是精硕给我们的报告，里面有异常流量的数据"。所以我希望两位可以用"人话"给大家分享一下。

陈：这个如果用"人话"来说，那么有两个概念我想带出来，就是我刚刚说我们有四大类，这四大类分属于两大类型。一个我们经常叫它"无中生有"，就是原来没有的流量你自己把它创造出来的，就是刚刚赵洁老师提到的"机器人"，最熟悉的就是我们经常听到的互联网的流量用机器刷。什么叫机器刷，就是非人为地在电脑前面不用人力，电脑程式自己在那里不断点击，这就是"无中生有"。明明没有这个人，明明没有这个广告的流量，我们要求的报告有数据出来，这就叫"无中生有"。还有一个就是"以次充好"。我个人认为可能"无中生有"是绝对的"罪犯"，那么"以次充好"也是一个"罪犯"。什么是"以次充好"？举一个大家吃饭的例子，明明我们点的是龙趸，结果给的是一条草鱼，我点的是好的东西，结果你给我一个不那么好的东西。所以从大的方面来说，在我们的角度，我们认为我们在行业里面是一个义务、责任或者说是一个权威，大家想到秒针的时候会讲我们是裁判。所以，从我们的角度，异常流量更多的是说我们刚才的那两个标准，有没有"无中生有"，有没有"以次充好"？

邓：刚刚你说过有四个方面，那么另外两个呢？

陈：嗯，上述两个是大的类别。如果你再去剖析的话，"无中生有"是什么呢？刚刚我们说过一种是用机器人刷，第二种我认为是最恶劣的"无中生有"。刚刚那个起码还有一些投入，我们还是投入一台机器了，每天在广州某地方在不停地刷流量，这个流量还是有成本的。还有一种"无中生有"是连机器人都不用，想个方法编造一些数据出来，这是最严重的造假。所以这就是"无中生有"的两种。其次，"以次充好"的一种是我们刚才所讲的，因为大家说互联网流量会用到CPM或者CPC，就是以点击或者曝光来收费。比如说，我刚才讲到的那个例子，深夜两点到凌晨四点的CPM的价格绝对不是某一天黄金时段的价格，好一点品牌的价格或者弱一点品牌的价格也都是不一样的，那么，拿一个不好的品牌充一个好的品牌，或者拿一个不好的频道充一个好的频道，拿不好的平台充当好的平台，拿一个弱的时段充好的时段，所以这是一种"以次充好"。还有一种"以次充好"就是其实你没有在数据上置换不好的东西，但可能你在满足客户的需求上出现问题。举一个典型的例子，现在很流行广告前贴片，我们看优酷或者爱奇艺的内容的时候，前面贴的 15 秒或者 30 秒广告，客户可能会买第一个或者说是正一（在前贴的第一个位置，称之为正一）位置的前贴片，结果在正四，也就是第四个位置播放，明明他买的是正一结果你给他正四的位置，这也是一个"以次充好"。这是另外的一种"以次充好"，就是它其实在很多程序的中间可能没什么问题，但是他还是置换了一些东西。

邓：这里补充一点，赵洁是从传统的 CTR 进入数字领域，是不是有不同的看法？

赵：其实，Kevin 对于异常流量的一些描述，我是完全赞同的。但是，我想讲的是，如果我们仔细剖析这件事，为什么叫异常流量？我们也叫它"作弊流量"，这个里面其实有一个谨慎原则，确切地说，因为实际上在我们跟媒体和网络主沟通的时候，无论今天是秒针还是 ADmaster 做第三方的时候，都会有这样的一个服务，我们叫作"排查异常流量的占比"。但是这个做完了以后，我们不会跟客户讲这是一个"作弊流量"，虽然我们知道它有 90% 可能是，我都知道他的 IP 曝光可能是一个机器人曝光，因为它在一秒之内有大量的曝光，甚至没有曝光的前提下就有点击，就是不符合一个人的行为的时候。这件事其实对我来讲通过算法是可以把这种异常的行为给提炼出来，同时把异常的 IP 和我们设备异常的 Cookie ID 或者设备 ID 都找到，那我还只能说这是异常，我们没法说它是作弊，为什么？因为我们跟媒体交流过这些问题，因为我不知道他的动机，因为他可能跟我解释说这是他们的投放系统故障或者带宽的故障或者运营商的问题。所以我看到的是一个现象，而不是因为知道他的动机、他的目的。因为如果他有动机，其实就是一个"犯罪"。说到犯罪，小偷偷钱是一个犯罪，其实小偷偷流量也是一个犯罪，因为他偷是有动机的。但是实际上在这个问题上，我们今天无论是秒针还是 ADmaster 都无法担当一个动机的判断，所以我们就叫它"异常流量"。换句话讲，其实在这里面异常的东西太多了，就像刚刚前面讲的连续曝光，多频次曝光，一个浏览器原来频率很低，但是在这个当中，这个频率变得非常高，这就是异常的问题。如果说最典型的做假的做法就是有点击没曝光，甚至还会有一些同一个流量过来的时候有两个创意代码在里面，就是我们说的曝光碰撞，其实它同样的位置和曝光进行了两遍。但是这种事是无穷无尽的。也就是说今天无论是秒针还是 ADmaster 找到的那些规则——抓"异常流量"的规则、"非人为"的规则，但是当我们把规则改变的时候，或者将抓取"异常流量"的规则阈值改变的时候，一些新的异常又出现了。"道高一尺，魔高一丈"，经常会有人问我们"你们阈值的一个定义是什么"，我们绝对不能说，这个过程其实有点像侦查和反侦查的过程。所以这件事从大的规则来讲，就像刚刚 Kevin 所讲的是最典型的规则："无中生有"和"以次充好"。但是真正地落到很具体的海量数据算法当中的时候，其实可以有很多异常的规则我们得找出来，这是我们需要做的一件事，也是考验类似我们这种第三方公司的算法能力的一件事。因为现在作弊的手段越来越高级，大致是以上这些。

邓：赵总刚刚谈到的是"排查异常流量的占比"中的最后一部分"作弊"跟"异常流量"，那么这两个说的是同一个意思，还是两个不同的概念？

赵：我觉得在这个里面的用词，当然这是直播，有时可能在用词上面有一些不好拿捏，我们需要异常小心。我们说的是"异常流量"。因为对"作弊"来讲我们需要判断动机。因为我如果没能力判断动机的时候，我只能说"异常流量"。

陈：精硕也是这个样子。我是一个理科生，我用理科生的方法来理解这件事情。这是子集与母集的关系：如果你作弊的话就一定是"异常流量"，异常流量是母集，但是"异常流量"不完全等同作弊。

邓：如果你们觉得它只是个"异常流量"，不一定是作弊。在你们实际的工作经验当中，客户会不会因为你们的报告出现了"异常流量"而不付钱给代理公司或者媒体公司？会不会出现这样的情况？

赵：实际上，我相信广告主为什么需要第三方，无论是秒针还是 ADmaster，无论如何，他都是要保护自己的利益的。当他发现他们的报告出现"异常流量占比"的时候，广告主是一定会拿着这样的一份第三方报告去和媒体或者代理公司讨论这些问题。作为第三方，按照我对秒针的了解，我们也会拿出后台的例子去跟媒体核对。至于说到广告主是付或者不付，其实完全取决于广告主和 agency 与媒体之间的沟通。我们起到的作用是：我出报告，我举证。

陈：这个问题我需要从几个维度来回答。第一，接着刚刚赵洁老师说的这个问题，是会有这种情况。就是广告主拿着我们的报告或者秒针的报告也好，直接不付钱。我们甚至还看过一些更极端的，不仅不付钱，而且还要赔钱，赔三倍的都有。这个问题我想说的是，其实我会这么去理解这个事情，赔与不赔，怎么赔，罚不罚款，付不付尾款等，其实更多的是动机，刚刚我们一直在聊的这个问题。如果这个项目就像我们刚刚去定义"异常流量"和"作弊"是一样的。当然，我们刚刚一直说到"媒体会不会作弊"这个问题，其实不是在说这个概念，因为实际上在中国的环境会存在一种状况，我需要站在他们的立场尝试帮他们说些好话。第一个是说竞争对手攻击他，用一些"异常流量"的方法来攻击他，因为他的数据不好看，这是一种方法。另外一种方法是网络环境的问题。我们刚刚提到的 IP，这个异常是说我们的客户需要买一个定位的定向。比如我想投广东市场的广告，但是发现秒针和 ADmaster 出来的数据，40% 的流量都不是广东的。但是这个是不是就一定是"作弊"？其实不一定。因为就我们中国已有的现状来说，我们在行业经常用的"IP 漂移"。我给大家讲一个概念，美国每个人平均用 4 个 IP 地址，中国是反过来的，一个人用 0.5 个 IP 地址。所以也就是我和小麦老师在共享一个 IP，那这个由谁来把控？运营商。我们也就是通过电信来控制这个，电信运营商是可以控制这个流量的。所以比如今天我在佛山有一些闲置的资源需要分配出去，那么在这个排查异常时会出现的一个问题可能就是这种状况。所以说这个具体的工作，赵洁老师刚刚也提到需要代理公司、媒体和客户做一个谈判，就像我们三个现在的这个样子。一般来说，客户和代理公司不应该坐到一个谈判桌上，一则会尴尬，再则赔偿的方式、赔多少、怎么赔都跟我没关系，因为我是不参与这场球赛的。这就是我想补充的观点。

邓：从 Kevin 刚刚说的两点或者三点，他们是不是有些时候是冤枉的？之后需要赔钱也赔得挺冤枉的，因为不一定是他的错误？

赵：其实冤不冤枉这件事看你是对谁去讲这个问题。就继续以 Kevin 刚刚举的例子"动态智能路由器"这个问题，因为他的 IP 会漂移，他定向是投广东的，最后他发觉投到的是河南，那对广告主来说冤不冤枉？如果这样的话，如果广告主来看发觉让他投广东，但是第三方报告是河南的，那广告主当然不会埋单了。所以，这个冤不冤枉取决于你的对象是谁。我觉得其实真正客观来讲，在整个的生态圈当中，其实第三方我们要做的一件事是公正公平，至少不能因为我们的原因导致被冤枉。就这件事是我们要保证的一件事。所以这就是为什么如果说广告主拿我们的报告对媒体去讲，媒体如果有疑问，我们愿意后台进行对数，我们觉得是一定能对得清楚的，所有的东西都是有记录的，我们作为一家第三方公司，无论今天是秒针还是 ADmaster，我们都有能力进行相关的举证。其实真的到那个时候，一定是会到举证层面的，我们要把得到的那些采集数据提交给他们去做相对的分析。

陈：其实赵洁老师刚刚说到的一点特别好。我刚刚举过一个例子，我们就好比一个裁判。那我还是用足球举个例子。原来没有科技的时代，一场足球的球进与不进是由裁判个人决定的，这是基于个人主观的感觉。每个人看球都会有这种感觉，比如说当我们在看球，我是曼联的，如果我们丢了一个球，我怎么认为这个球不进，这是动机问题。我想说的在互联网界有个很好的优势，我们拥有大数据，拥有科技、技术，所以接着刚刚讲的点，比如说举证的时候，我所举的证据是 Kevin 或者他的团队做的一个报告分析，就这么简单。我们现

第三部分 实战之径：应用与推广

129

在足球有一个球门技术，即鹰眼技术，就是有两个探头在两个门柱的地方，如果球完全越过了就是进球。刚刚赵洁老师也提到了，如果同一台设备，比如说一部 iPhone 手机，一秒钟之内有八次的点击，还是一秒钟时间换了三个浏览器，这个叫举证，基本上没有冤判。谁的手机能一秒钟换八个浏览器？那不可能的。这种证据就是铁证如山。那有没有冤判的例子呢？也许有，但是这个不在于裁判，比如地域的分配，你分配 40% 都不是广州的，40% 是在佛山，那这个时候客户是那个抽鞭子的人，但是说我就是不赔，也许它是一个很强势或者是一个很重要的品牌，或许为了以后的合作，会赔了这三倍，但是我认为媒体也是"哑巴吃黄连"的问题。它可能不是 40%，只是 20% 造假，或者甚至是零，但是刚刚所说的各种例如竞争对手的攻击等，他吃了那 40% 的哑巴亏。所以出现这种 case 我认为是有可能的。

邓：刚刚赵老师有一个观点是"对谁说"。通常来说，"异常流量"的出现或者说"作弊"是来源于谁呢，是媒体人还是哪一方面的人？

陈：这个没有一个真正的大数据统计。因为我们讲到的一个观点，我们不是那个判定"动机"的人，因为很难。我们不可能每天监测好几千个项目，然后每天一直刷 Cookie 数据，然后查证各个 Cookie 各自动机是什么。我认为在这里面的动机，"谁"肯定是和动机相关。还是回到刚才的那个例子。我们是侦探，去查证谁有可能是嫌疑犯，肯定是看他的作案动机，犯案动机是什么。很大部分其实大部分人都会认同是偏向于媒体，因为是接受款项的一方嘛。但是我们没有一个真正的百分比。我想举个例子，我知道在游戏圈领域，其实很多个广告主在自己作弊，这个是我们很难想象的：这个钱是你掏的，你干吗作弊嘛，但是现实情况是有的。因为他们可能是为了达到个人或者部门的 KPI，这就很简单了，因为会牵涉个人的奖金，这就是他们为什么要作弊了。如果说到"谁"，那谁都有可能作弊。

赵：Kevin 讲完后，我有点 get 不到小麦老师的那个问题，您再 repeat 一遍。

邓：你刚才说了"对谁说"，"异常流量"的来源方是哪个？或者说"作弊"来源方是哪个？是来自媒体，来自广告主，还是来自代理公司？

赵：我觉得我还要说一下"异常流量"这件事的真正源头。我讲一个故事，因为刚刚小麦老师说我是传统的数据公司，所以那天我看到了一则新闻"造假收视率的产业链"，他说为了买一个剧还是大概一集花 40 万元或是多少，我忘了，当时我算了下，差不多整个产业链，纯粹造收视率的产业链大概有 400 亿元还是多少，反正我当时算了算是 CSM 的收入的十倍。我觉得央视索福瑞自己在做收视率都没有赚那么多的钱，但是为了那些收视率，为了造收视率，实际上那个产业链赚的钱远比正规军赚的钱多得多，所以这里面实际上今天我们在这里谈"异常流量"，其实这个现象不仅存在于互联网，也存在于很多个行业里面。如果传统的话，就是现在的收视率造假也是一种异常，对吧？只是这件事更难弄了。接下来说到这个的话，其实所有的一切但凡和利益相关，我觉得他都有动机去做这件事。还有一个典型的案例，你可能不是PV或者UV在造假，或者Click在造假，现在还有很多汽车厂商，他们也都知道他们卖的就是销售线索。那这样的话也会发现很多汽车厂商的销售线索，哪怕是一个真人都是雇来的。但是其实你说他是雇来的，这算是"异常"吗？其实也算是异常。那当然最后，如果法律部门或管理部门不去判决的话，你就很难说它是目的。我就是一个销售线索的，最后你这个线索失败了，我觉得这也很正常。但是如果按照我们的这个思路去理解的话，会发觉这个人可能和这辆车没有半点关系。所以这所有的一切，今天问"对谁"的时候，这个问题其实还是回到产业的利益链在什么地方。无论今天是中间商还是媒体，为了完成所谓的销售，都会存在一些"异常"在里面。

邓：刚刚我们也讲到一个"IP漂移"，那么"IP漂移"的定义是什么？

赵：我先说一下，我觉得"IP漂移"在美国就不会出现。因为它有丰富的IP。但在中国，如果不接触第三方或者互联网的人就感受不到，实际上这个资源是非常紧张的。

陈：其实IP地址也是一个供求的问题。刚刚说过美国平均一个人拥有四个IP的例子了。很多网友其实对IP地址是无感的。举个例子，现在我拥有四套房子，四套房子就有四个地址。你能收邮件的地方是四个地址。那你就没地方再去漂移，四套房子一个人住还住不过来，也就无法漂移。但是反过来你现在没钱，就只能有半个地址。所以你只能租房子，漂移于各个地址之间，其实很多情况是因为这个原因。在中国，"IP漂移"还是会继续存在。我们只能解决如何将漂移的情况降低一些的问题。这个就需要国家、Internet等去全球IP资源分配中争取多一些IP分配给中国，这是解决问题根源的办法。这也不是我们在座三位可解决的，但是这是需要去努力的一个方向。当然，这里面也有一个破局的契机。我们现在都往移动端去了，所以IP会出现淡化，可能这也是一个破局的方向。

邓：那如果是"IP漂移"我们大家都没办法改变，那会不会存在一些冤枉的情况？无论是媒体公司还是代理公司受这个原因的影响而导致他们成为受害者？

陈：刚刚我们讲"异常流量"也好，甚至更坏的"作弊"也好，不是完全由IP决定的。比如我在ADmaster，我去排查这些异常的时候，是有N套排查的方法，所以 IP 只是我的 N 分之一。坦白来讲，对于我们的报告，我还是有99.9%的信心不会冤判的，我会经过一个长期的多维度的观察。回到第一个问题上。当你开始去定义一个事情的时候，这个错误率是很低的。我会去看 IP。刚才我也提过一秒内使用多个浏览器也是一种，你的属性也是，或者包括你用的机型等，不同的手机使用不同的系统，就是将所有的这些都归结在一起的时候来考量。我们会用这些办法去避免被冤枉。

赵："IP 漂移"其实影响的不是"异常流量"的问题，而是一个"地域 Gap"的问题。实际上这个对于"IP 漂移"导致的结算当中的"地域 Gap"，我相信作为第三方现在都有能力去解决"地缘"这个问题。但是对于我们来讲，IP 的确是包括设备 ID 等一连串的信息来帮助我们判断。这个 PC 的 Cookie 所有的路径以及 Device 的所有路径是否符合上述所讲的那一系列规则。ADmaster 和秒针都有自己的一套规则。无论今天 TC mobile 还是对于 OTT 这样智能电视接入都有对应的规则，可以查看它是不是异常。通常的话，我们一定会做 IP、白名单和设备白名单，这是最关键的一件事。一旦判断出这个 IP 一直是在做一个假流量的时候，那我们就会将它归入黑名单，这是我们对于数据库的管理。所以"IP 漂移"这件事其实是涉及"地域 Gap"这个问题，对异常的影响不是太大，真正影响较大的其实是我们之前讲到的那些问题："无中生有"和"以次充好"。

邓：Kevin 可不可以解释下"白名单""黑名单"是个什么概念，因为很多网友对于这个专业术语不是很理解。

陈：先打个比喻，我相信美国的 CIA 是有白、黑名单的。假设我在这个黑名单上面，我就不能进入美国。还有一种是你是良好市民，欢迎你来美国。所以我想说的是在我们的国家也是这样的。我想补充和强调的一点是，在座的媒体朋友会关注我们如何去探讨这个题目，我也想给媒体朋友做一个科普，有的媒体碰到这种状况会比较抓狂。比如收入、个人提成这些会导致冤判，你怎么去判断这个东西？其实坦白说，这些判断标准也没用，因为我不是针对你这个媒体，我是经过长期观察所得的。所以白、黑名单是经过长期观察。假如我们监测一部手机，手机都有其设备 ID，我们跟踪这个设备 ID 一段时间来判定它是白名单还是黑名单。判定好与坏不是一天两天的事情，而是一个长期的过程。所以讲到冤判，如果你每天都干一件坏事，你还会认为自己是好人吗？

赵：我需要补充一下，的确，这个判断，它是需要海量的数据来提炼规则的。所以当你数据量小的时候，其实对它的判断的置信度和精准度就会下降。当数据越大的时候，似乎这跟侦查是一样的，它发觉你的数据越多，就越能知道这个设备 ID 或者这个 Cookie ID 到底都做过哪些事，行为怎样。所以，数据越大越准确。当然，今天能做这件事情的人，不管是从技术还是数据层面来讲，不管是秒针还是ADmaster，原则上腾讯、阿里巴巴也可以做，因为只要数据积累够多都可以去做，包括一些DSP公司，在他们接流量的时候，也有排查机制。在整个生态圈里，秒针和ADmaster都是第三方的角色，我们不采购流量、不参与交易，只是一个裁判。

陈：我非常同意这个观点，身份很重要。如果你是一个广告金主，无论你是一块钱的广告投放还是一个亿的广告投放，必须选一个靠谱的第三方。我想讲的是，你不能去相信跟你有利益冲突的人给你提供的数据。其实提供数据是一件非常简单的事。但是我的身份、我的技术、我背后的排查大数据机制是什么？这是需要去考虑的。我们刚刚所讲的"异常"，其实是有两个不同的维度去思考的，一个是曝光、点击的层面；其实还有一个赵老师刚刚提到的在汽车产业的例子，后端转化是我个人建议大家去关注的。坦白来讲，这个是跟机会成本有关，曝光造假也好，异常流量也好，它是比较容易的，比如你买个手机，你可以有多种方法获得。但是你能造一辆宝马还是捷豹吗，这太难了吧。

邓：刚才我们谈到IP、Cookie ID、设备ID等，我又想问个问题：比如今天你告诉我们这个地方有一个WiFi的上网密码，在小区或者学校等别的地方也有一些公用网络，在这些情况下，这些IP、Cookie ID会不会在检测过程中会重复呢？

赵：Cookie的话它其实是类似在PC上的，Cookie不会存在重复的概念。但是IP的确是会有共用IP，所以对于我们监测公司来讲，实际上所谓的唯一性绝对不是靠某一个指标去判断，它一定是靠一串信息判断出来的，从时间戳、设备ID，Cookie ID一直到IP是这么去看待的。当然，其实在整个IP库的维护当中，这个也是广协在做的一件事，就是制定国家标准的IP分类。它会分得很清楚，我们要去分出哪些是办公区域、小区、学校等。实际上这件事没有人告诉你，为什么能分出来。其实也是通过大量的持续累积的数据日志。比如当某个IP规律地从早上八九点到下午五六点有大量的Cookie ID出现的时候，我们就可以判定其不是家庭IP，是办公IP。当然，如果是学校你也会有学校的一些判断。当然，这不一定是颗粒度很细的判断，但是它的判定是根据一系列的特征得出的。虽然维度不多，但特征性因为数据的丰富已经足以支撑判断。所以我们强调做第三方的时候，我们需要有能力去做深层次的数据挖掘。

邓：Kevin其实我问这个问题，是想知道你们会不会有误判的情况？

陈：其实对于误判的这个问题，我的答案是没有。其实刚刚赵老师也讲到，也有一些监测公司的数据是由媒体公司提供的或者由代理公司提供的，或者只以设备 ID 导向提供，或者只以 Cookie 导向提供，这种只提供单一向度的数据来判断，是可能造成这个误判的。很重要的一点就是我们两家公司在做这件事情时，它不是单一维度的。例如一部苹果手机，它不只是有 IDFA 这个 ID，还有别的 ID，这个事情的确有一些复杂性。比如苹果公司的 iOS，他们是禁止任何其他第三方抓取 MAC 地址，所以 MAC 地址也是移动端的设备号，所以也就少了 IP 地址。所以就是 IDFA 加一个 IP 地址再加一个 ID，你就可能知道这台设备。

邓：刚谈到如果我们客户希望地域是广州，但是数据来自佛山，有没有可能是边界的问题？比如在上海，某些地方归江苏省，但是电信、供电、供水都来自上海这样的时候，会不会存在错误的现象？

陈：其实刚刚提到广告协会做了一个很好的事情，就是将 IP 库进行分类。

赵：其实 IP 的分类跟供电、供水的边界好像没有任何关系。因为 IP 分类跟远近距离没有关系，它是跟资源的是否丰富有关系。这跟物理远近没关系，而是跟互联网的资源丰富与否相关。需要讲的是在整个运营商那边专门有运营整个 IP 资源库的，也有专门的产业链就是倒腾 IP 库的。所以说广协在 IP 库制定的过程中，也是需要很多的努力去对地域进行识别的。因为秒针在 IP 库制定中，也是其中的一员。我们也会邀请各类媒体公司提供多方面的信息，比如 GPS 或者 LBS 信息、注册信息，然后综合进行分析，并且每年这个 IP 库我们都需要进行重新计算。

陈：就比如西安讲自己的资源分配给杭州，完全是因为 IP 资源闲置，所以将这个资源分配出去，而跟物理远近是没有关系的。

二、问答环节

1. "排查机制"不一样，怎么体现监测公司就一定是对的？

陈：ADmaster 和秒针在一定意义上也是存在着竞争关系，所以我们不能将体制完全透露出来，也是为了广大广告主的好处。因为透露监测机制总是为一些有动机的人朝着这些监测机制去做一些事情。其实，机制不一样不重要，不是讲技术不重要。还是回到足球的例子。点球这件事情，其实有些大的规则是不能改变的。首先你需要进入那个区域，裁判才会判你点球。有些变量如 IP 地址、设备号、Cookies、后端转化的问题等，这些标准还是一样的，机制的不同可能更多的是指权重。无论权重是多少，有两个因子我们都需要考虑。我们是经过长期的观察，比如我们两个公司都做了十年，经验积累下来，置信度或者可信度都会高很多。我知道很多人的纠结点是：我们总结出来的异常是

40%，那么凭什么说是40%？我想说的是这40%不是绝对的，它是会有上下浮动空间，所以我们一般给的是一个范围。我们的检测标准是用同一个标准去衡量每一个媒体而非针对某一媒体的。

赵：其实我想问的一个问题就是"它用什么证明我错了"。第二个问题是以我们最近的项目做例子，就是OTT最近很火爆，所以量就上去了，所以利益也就产生了。那我们得到的检测日志里面就清楚地看到回传的数据上面都带着手机的设备ID，有各种各样山寨机的型号。因为监测也不是一个简单的事，是一个技术活。我可以提取到设备ID，设备ID是一个统称。它包含很多的信息，系统号、品牌号、机型号等，我们透过OTT，收到的数据都是手机品牌的信息，那就能知道这肯定是异常的了。如果你要问我怎么证明自己是对的，我就只能给你看我的日志。

陈：就是明明是一个安卓系统的电视为什么出现iOS，这不需要我来解释吧。

2. 如何减轻数据误差的成本？

赵：其实这个问题说大了是我们整个行业今天都在追求的，不仅仅是我们第三方公司所追求的。因为就数据本身来讲，但凡在这个行业里面，统计都会产生误差，它是一个统计性的误差、计算型的误差。在任何一个生产领域，这个误差都是存在的。我们是需要尽可能降低误差。所以现在都讲大数据公司可以将误差降到更低，我们都需要大数据，传统公司研究的样本量太小，带来的误差太大。

陈：简单理解这个问题：首先，我先不说成本的问题，先说如何降低数据误差。就像刚刚赵洁说的广协、媒体公司、第三方公司就这方面的问题进行多次讨论，包括IP库的联盟、解决IP的问题、黑白名单的问题等，这部分是行业的动作。还有每一家独立的公司就是同步科技与研发的能力，通过技术解决误差，这是我们都在做的事情。说到成本的问题，就是怎么省钱，我们要先讲付钱再讲如何省钱。客户要想降低误差，首先需要支付一定监测的费用，其实他提高成本采购了网络监测，但是购买媒体的成本因为有了监测，让后续的动作有了保驾护航的效应。所以最终，对于广告主来说他是省了钱的。

3. 现在是否有机制监测移动App的广告投放效果？

赵：App的广告投放分为两个：一个是品牌广告，一个是效果广告。所以对我们来讲，其实App的广告效果就看它对效果的定义是什么。效果最终是转化用户还是下订单的概念，抑或是增加预购，就是不同的category对效果的定义是不一样的。监测的机制是有的。

陈：举个简单例子。以汽车为例，我想在移动端投××品牌的广告，我是希望有人到店试驾。这件事情是可以被监测的。如何被监测？第一，投放的媒体。比如在垂直媒体投放可增加曝光。第二，以点击的监测，登录到我的 Site 或者官网。跳入一个页面或者网站留下资料，这个动作也是可以被监测的。这整个过程都是可以被监测的。其实从到店试驾到买车都是可以监测的，因为 4S 店都有 WiFi。

4. 现在品牌效果投放都需要数据转化，是否监测市场空间越来越大？

赵：还是以 4S 店为例，从前端到后端广告的监测其实都是可以打通的。当然其实 4S 店的这个监测其实是一个新的业务模式。我们可以追溯到店的信息查询，到客以往的行为，在网上是否有对这个品牌汽车或类似的相关品牌汽车感兴趣的行为。当发现他只有这个例子，而没有任何行为的时候，其实他就是一个假的例子。这个是我们作为第三方在做的事情，也归功于大数据从前端到后端整个可以连接起来。所以我们在互联网上的行为是有规律的，可持续的。

陈：我们今天聊了很多 digital 本身的广告监测。之前我们线下的数据的监测不会再有，包括原来我们共同分享和电视的监测也停留在过去式，各种的统计方法都是过时的。未来的电视本身也会收紧。再加上后端转化的数据，我们认为监测是一个数据采集的开始，任何的企业都希望有自己的数据，后面根据数据才能如何去优化、去预防等。所以说这个市场还是很大的。

5. 现在在监测行业，有很多的媒体公司，你们监测的时候可能投放几千上万个媒体，那异常的情况或者作弊的情况，大的媒体和不见经传的媒体的区别是什么？

赵：对媒体来讲，我说一个 2015 年的数据，大媒体相对来讲会更好，但是我们看到垂直的媒体的确是会多一点。这个分类是蛮明显的。

陈：我的看法是大小在"作案"动机上是一样的。当你是一个很大的媒体，库存是一亿的曝光，但是有十亿的需求。那九亿是怎么来的？它总是有作弊的动机。所以这跟大小没有关系。

大数据驱动的中小企业互联网 + 转型升级

江　颖[*]

一、大数据时代刚刚开启，尚未到来

2015 年 9 月，李克强总理签发《促进大数据发展行动纲要》把大数据推向了有史以来的最高热度；每个人、每天都会听到各种"大数据"，以至于大家都认为我们已经身处数据时代。但是，我认为：大数据时代刚刚开启，尚未到来。

四大现状力证大数据时代尚未到来：认知缺失、消费不足、基础未建、企业认为于己无关。

1. 认知缺失：大数据认知普遍缺失，懂大数据的只是小部分从业者

大数据作为新生事物，出现和应用不过是这十来年的事，加之中西方思维方式和文化的差异，导致国人的大数据认知和分析思维普遍缺失。这导致，真正了解大数据、理解大数据如何运作、清楚大数据如何应用和解决问题的人非常少。

大数据的应用还不普及，导致真正接触和从事大数据的人员较为有限，即使希望学习和应用大数据，也很难具备 Hadoop 和海量数据的环境来摸索和实践。于是，真正具备大数据思维、使用大数据、真正懂得大数据的只是互联网、金融、通信、IT 行业等行业内部的一小部分从业者。

2. 消费不足：在为大数据买单的主体中，传统行业和民营经济严重缺位

今天我们听到的大数据，往往和互联网行业划上了等号。但是，互联网企业占我国 GDP 的比重很小，所以大数据在互联网行业的大量应用并不能说明大数据产品的繁荣和普及。事实上，除去互联网公司，目前有能力搭建大数据平台、购买大数据服务、使用大数据技术来解决实际问题，只是政府和一些巨无霸型的企业。而对于大多数传统行业和中小企业而言，他们尚不愿意为大数据投入，也不认为大数据能够给他们帮助。总而言之，大数据离中国主体经济

---

[*] 江颖，原力大数据、帷策智能创始人兼 CEO。

第三部分　实战之径：应用与推广

137

还很遥远。

3. 绝大多数企业认为大数据"与己无关"

在与十多个行业、几十个企业决策者交流中，我发现绝大多数企业（特别是传统企业）对于大数据的认知是基本缺失的；他们对于大数据的理解等同于"垃圾短信""骚扰电话"，稍微强一点的企业对于大数据能力的理解也仅仅等同于"IT系统"。更为麻烦的是，由于大数据人才的极度缺乏，使得即使这些企业希望做大数据，也很难找到合适的大数据人才。

也正是由于绝大多数人对于大数据认知的缺失，加之大数据传播给人的感觉总是"高冷"或看似"忽悠"，导致绝大多数企业认为"大数据和我们没关系"，或者"我们根本不需要大数据"。

4. 设施未建：大数据的公共基础设施尚未建立起来，企业"知易行难"

在大数据的"基础设施"方面，绝大部分有价值的数据是割裂的，或是无法获取的。更为重要的是，不论是数据安全、数据共享还是数据口径的标准化，我们都还缺乏相应的标准和共享基础，这导致即使一个企业希望做大数据的尝试，仍然"知易行难"。

今天，大数据时代刚刚开启，尚未到来。大数据仅仅在互联网行业的应用，无法带来大数据产业的真正繁荣；只有实体经济和传统企业的深度参与，只有传统行业和互联网的紧密对接，才能带来大数据时代的真正繁荣。

二、中小企业的困境与互联网恐慌

珠三角地区传统行业、中小型企业众多，制造业发达，产业升级转型需求迫切。现在国家鼓励"大众创业，万众创新"，"大数据"就是一个很好的切入点。然而，这些中小型企业、传统企业的大数据窗口尚未开启。

中小企业身处困境，近98%的企业，困死在自身的"无计划盲目经营"，近86%的企业实际都是在"为他人作嫁衣"，近99%的企业，实际都还在采用最原始的经营模式！所谓的"无计划盲目经营"指的是决策没有客观的依据，往往只是沿用惯用的做法，或凭借决策者主观感觉。因此，通常没有办法很好地因时制宜、因人制宜、因地制宜，没有科学的创新，容易在时代的浪潮"翻船"。而且大量的中小企业，缺乏自己的核心竞争力，结果最后就是为他人做嫁衣。加之缺乏自动化、数据化的经营管理手法，一切靠人盯、靠人管、凭感觉，没数据、没IT系统、没体系意识，这都把中小企业禁锢在"原始经营"的状态。困境中，企业亟待转型，但同时，很多企业主对互联网比较陌生，心有疑虑，迟迟不肯接受新技术、新方式。企业的困境与互联网恐慌，都源于企业家在思维上的"固化守旧"。

大数据思维普遍缺失原因之一：中国传统思维与数据思维模式存在差异。

在中国的传统思维里面，信奉"道"，一切事物都有其"道"，但这个"道"究竟是怎样的，没有一个具体说明。我们喜欢"中庸"，即"合适""刚刚好"，但多少是合适，也没有说明。就好像中国人教你做饭，总是以"少许""适量"来描述食材、调料的分量。中国的传统思维里面，对于如何达到目的，甚少有详尽的描述，多为"软性科学"。而数据思维讲究的是缜密的逻辑推导、定量分析，通常目标对应的就是确切的工具和方法。就好像西餐里面，要做好甜点、蛋糕，所有材料的分量都要精确到克。这就是我们中西方在企业管理上最大的差异，传统思维讲究的是定性或者说"感觉"，而大数据或者说数据思维讲究的是定量，讲究的是逻辑。

大数据思维普遍缺失原因之二：大数据是新生事物，且十分抽象和高冷。

虽然我们公司在很早的时候已经进入数据分析领域，但"大数据"这个词也是近几年才火起来，甚至有点被过度消费。很多人不了解大数据的技术、不知道大数据能干什么，觉得十分抽象和高冷。有的企业家虽然认可大数据能帮助企业提升效益，但却觉得"那都是BAT才干的事情"，望而却步。有的人甚至觉得大数据是忽悠，把大数据和骚扰电话、垃圾短信、黑市数据交易画上等号。

中小企业的困境与互联网恐慌，一切源于企业家在思维上的"固化守旧"，企业要做好转型升级，就要改变原有的思维模式和经营模式，建立"互联网+大数据"时代下的新的知识框架。而只有实体经济和传统企业的深度参与，只有传统行业和互联网的紧密对接，才能带来大数据时代的真正繁荣！

三、中小企业的大数据需求：直接简单地解决实际问题

大数据并不只是互联网行业、大型企业的专属，中小企业也能利用大数据，为企业经营提供服务。那么中小企业的大数据需求在哪里呢？或者说大数据可以解决中小企业什么问题？我整理了五点：战略规划和企业定位、发现商机、生产转型、内部的运营管控、精准营销和广告投放。

本人从事大数据领域工作将近十年，对零售、服装、教育、广告、医药、房地产、金融等十几个行业，大大小小的企业进行了深入的调研。我发现中小企业做大数据和很多大企业不太一样，中小企业不是需要数据作为资产，而是要去通过数据和数据工具去帮助你解决实际的问题，就是直接简单，能够帮企业直接解决问题的方法就是好方法。

所以中小企业的大数据需求最终可以归结两个点：一是拉新，即增加收入、增加客户；二是提升效率，比如说原来这件事情需要用 20 天才能做完，或者说要花 200 万才能做完，现在可以通过两天来做完，或者说通过 20 万来做完，于是省钱了，省人力了，省时间了。

基于上面这两个主要目标，我认为中小企业做大数据，首先要考虑两个点，一是"有没有必要"，如果能够帮带来新的收入增长点和新的客户，那么就有必要做；二是"是否真的能提升效率"，如果不是，我希望大家千万不要盲目地去做所谓的大数据项目，否则就是一个深不见底的坑。

四、中小企业如何从 0 到 1 构建大数据能力

随着大数据概念的发展，越来越多的中小零售连锁企业也开始尝试做大数据，希望大数据为自身的发展带来新的利润增长点和新的发展机会。但是很多中小零售连锁企业过去没有收集用户的消费偏好、基本属性等数据，所以现在想利用大数据来优化生产营销，或者说找到新的业务突破口，没有一个很好的基础。即使部分企业在过去比较注重用户数据的收集，但是收集的数据不全、不规范，不同部门、不同分店的数据格式不一致，没有集中统一存放的情况也非常突出，因此即使这些企业收集了很多数据，还是不能用大数据技术分析利用。更何况大数据在中国乃至全世界都还是一个新兴的技术或者说概念，作为中小零售连锁企业，在实施大数据战略的过程中，还是会有很大的障碍。

因此，中小企业要从 0 到 1 建立大数据能力，打好数据基础，我总结了 5 个步骤：

1. 建立企业的大数据基础，突破数据基础障碍

建立企业的大数据基础，简单来说就是建立企业数据宽表，用最合适的方式把企业管理、业务、运营等数据规整、储存，以备后续快速地新增、提取、调用。虽说只是建几张表，但很多企业都不太重视，以为做大数据有技术人才就肯定没问题，但数据基础跟技术是两回事，技术本质是实现，而这数据宽表是技术实现所需要的具体数据，这些信息必须以一种最好的方式去存放。没有这些表储备的数据基础，数据无用武之地。

建立大数据基础又包括数据的搜集与储存。对于大多数中小行业、2C 企业而言，数据搜集最好的方式莫过于开展会员制，这是客户能够且愿意接受的用户数据收集方式。开展会员制能达到三个效果：

第一，了解客户，我们未来要用大数据帮助我们解决企业的实际问题，首先要了解客户。开展会员制的核心本质就是给你开一扇窗，让你具备了解客户

的可能，收集和获取更多的客户信息，为未来做精准营销等打下基础。

第二，培养客户忠诚度，会员制下的积分、返现、优惠券等，更有利于稳定老客户，同时开发新顾客。

第三，建立企业和客户的双向交流渠道。企业跟客户建立连接以后，能够先跟客户交互，而且是愉快的交互，这个是迈向成功的第一步。

开展会员制有两个秘笈：①开展会员制最重要的是要收集会员 id，手机和邮箱，其中最重要的是手机号码；②企业运营的自媒体（微信，微博）要向客户发送推荐信息，要与用户进行交互，不能错过了解用户的机会。

而数据的储存方面，很多企业家希望我能够提供模板，但这几个表并没有模板可言，因为每个企业的业务都是个性化的，而且没有人比你更了解你的企业；只有你知道公司有什么样的数据，有什么样的平台，或者系统和系统之间是什么样的；也没有人比你更清楚你到底要这些数据用来做什么。不过，万变不离其宗，2C 企业通常需要 4 张基础表：销售表、商品表、客户表、门店表。

（1）销售表：会员号、门店 ID、销售时间、商品 ID、商品价格、销售数量、销售金额、折扣信息……

（2）商品表：商品 ID、商品名称、建议零售价、实际销售价、一级类别、二级类别、三级类别、品牌……

（3）客户表：卡号、发卡店 ID、城市、手机号码、邮箱、企业/个人标识、企业名称、行业、地址……

（4）门店表：门店 ID、店名、地址、城市 ID、城市级别、店级别……

建立大数据基础是企业大数据转型升级的重头戏，将耗费 90% 的工作时间，而且这张表建得好不好，关系到未来的数据能不能用起来。在此很难通过短短的篇章教会大家建立属于自己的宽表，但是希望大家至少能够有一个意识，知道未来如果要做自己的大数据做自己的客户信息库，要有销售信息、商品信息、客户信息、门店的列表。

数据储存的秘笈：信息的梳理、分门别类、合理存放非常重要，要做好项目的关键数据的整理。至于到底有哪些表，每张数据宽表设置什么字段，需要自己琢磨。但本质上要用这几张表去匹配自己的需求，得有变化。比如说你压根不存在店面，比如就只在一个城市开店，那就不存在所谓的城市分类，那你的分类肯定是不一样的。

2. 明确商业目标

所有企业最应该关注的就是利用大数据做什么，前面我们提到中小企业利用大数据是希望直接简单地解决实际问题，即增加收入、增加客户。现在我们可以尝试把这个目标细化，进一步明确一些具体的问题，为数据挖掘、分析明确方向：

（1）如何找到高价值客户（企业的生命线）？他们的特征是怎么样的？

（2）如何让找到活跃客户，如何让他们购买更多的商品？

（3）如何唤醒沉默客户，让他们转化为活跃客户？

（4）客户流失了，他们为什么流失？如何挽留他们？

这里需要注意的是，决策者要与各个部门进行充分的沟通！因为大数据是所有企业的一把手工程，如果一个企业的老板或者说决策者对于大数据毫无认知，这个企业是没有办法做大数据的。我们做一个判断的时候，如果是例行的一件事情，各个部门协调好，就很容易推进。但是对于大数据这样的全新的领域，可能还涉及到多部门的协作沟通，甚至需要推倒一些既有的模式，所以要在一个企业推行大数据战略，没有公司决策者和一把手的全权支持是绝对做不了的。

3. 利用大数据进行分析

明确了商业目标，我们可以利用大数据对客户进行分析。围绕我们中小企业，2C 企业"拉新"的首要目标，常用的分析思路有 5W2H 分析法、4P 营销理论以及用户行为理论。应用不同的分析思路，我们可以不断地从各个维度问自己一些问题，帮助我们思考。

（1）5W2H 分析法：

①WHY：为什么买？为什么在这个时候买？为什么不继续购买？

②WHAT：销售情况怎么样？来了多少客户？来了多少次？每次花多少钱？买了什么东西？

③WHO：哪些是我的客户？他们有什么特征？他们买什么东西？

④WHEN：什么时候销售好？为什么？什么时候再次购买？

⑤WHERE：哪个门店销售好？为什么？各个地区的销售构成怎样？

⑥HOW：用户购买支付方式是怎样的？

⑦HOW MUCH：客户购买花费了多少时间？交通成本？购买的金额是多少？

（2）4P 营销理论：

①PRODUCT：我们销售什么产品/服务？是否有组合营销？

②PRICE：购买的商品价格？折扣价格？成本？

③PLACE：商品经过多少个环节到达客户手里？

④PROMOTION：如何做促销？广告、宣传推广、推销、销售应该如何配合？

（3）用户行为理论：

①认知：客户是怎么了解到我们的品牌？

②熟悉：客户对我们熟悉程度如何？有都少人持续关注？

③试用：谁愿意试用？从了解到试用有多少转化率？

④使用：有多少人试用愿意后愿意购买？为什么？购买频率如何？

⑤忠诚：客户回购率如何？流失率如何？为什么？

如果一个企业家，哪怕不懂分析不懂数据，只要能清楚地回答这些问题，一定是一个优秀的企业家，而数据无非是帮助你在回答这些问题的时候，能够有一些依据或者支持。要提醒的是，如果要做大数据项目，那么市场部门和大数据技术部门要充分地沟通，避免数据部门错把营销活动的结果当成是市场商机的新发现。

4. 营销活动设计、执行与优化——让大数据带来利润增长

不能做完数据分析就完事，必须把大数据结论应用起来才有价值！

①营销活动设计：捆绑销售、积分返现金、促销打折、推荐奖励等；

②针对性营销：特定渠道促销、针对特定的细分客户群体做不同营销活动；

③营销评估优化：不同活动的投入产出比分析，发现问题，便于后期优化提升；

现在很多企业的做法，前面3个步骤全部没有，直接做营销活动。大量砸钱，但效果很差。跳过了前面3个步骤来直接来做第4步，当然无法获得好结果。

5. 系统固化，确保大数据持续使用

大数据是很复杂的，今天分享的很多结论，都是我们经过很长时间艰辛探索得到的；实际操作起来也往往会碰到障碍。所以，做大数据最终一定要做系统和能力的固化，形成工具、平台等，才能确保大数据的持续使用。因为我们不可能永远用手工的方式去做一些数据的分析和处理，太繁琐而且不实际。必须像现在的所谓的 OA、ERP、CRM 等系统一样，形成自动化的系统，才能方便沿用与发展。因此，大数据战略最终是要做到自动化。

五、大数据驱动中小企业转型升级的步骤和要点

最后，中小企业要实现转型升级，可以归结为以下4个要点：

（1）解决企业决策者和相关人员的大数据认知缺失问题：通过培训和引导，解决大数据认知问题，是大数据能否在企业顺利推行的关键。

（2）抓住企业的需求和痛点，解决实际问题：对企业方方面面的深入理

解非常重要。

（3）从小问题入手，先让企业尝试"大数据"：先尝尝大数据的"味道"，再谈怎么做！

（4）全方位的逐步升级（人才、IT 系统、管理手段、流程制度）："数据决策＋生产运作流程"的配合。

快速变化时代品牌创建的原理与方法

冯少伟[*]

购物者营销是品牌长期实践关注的重要组成部分，在跟购物者打交道过程中，我们不断向顾客学习，把握品牌价值建立的规律。在大数据时代，出现了很多新的变化，包括很多互动的新技术、大数据的智能化应用等，营销环境在快速地变化和融合。在碎片化、去中心化的特征下，近年又产生了很多新的品牌营销现象。借助这个平台，"诚攻品牌工房"把近年在品牌购物者营销方面的实践与大家一起分享，希望与各位专家、师长、新老朋友一同交流、探索在融合时代下快速创建品牌的经验与规律。

一、新时代背景下的挑战

品牌在不同阶段所呈现的特征并不是完全一样的。在当下这个时代，品牌有什么样的特征和变化呢？我们先看一看近些年发生的事情。在 N 年以前，好像只有图书能在网站上经销，可以网络化。10 年前我们会认为，网民是不可能去虚拟世界买服装的，而现在服装品类已经是互联网销售的第一大品类。在 8 年前我们会说，网民未必会在网上购买实物，尤其像母婴类、护肤品类的产品，因为好像只有试用过才会有感受，才会触发购买的欲望。而近年网络销售趋势表明，现在化妆品已经成为互联网销售的第二大品类。6 年前我们还很难想象医药、食品、饮料品类也能网购，现在家庭里面很多的医药、食品、日用品都已经在网上购买了，跨境电商也非常红火。4 年以前，我们甚至认为，由于种种原因传统金融是无法撼动的，金融在互联网上不可能有更多的创新空间。而实际上，互联网金融近年正在不断颠覆传统的运作思维，对传统银行业务造成了非常大的冲击，对我们的日常生活支付也产生了巨大影响。2 年前，我们不能想象，像 AI（人工智能）、AR（虚拟现实）等很多的新型智能技术的长足应用（例如说在娱乐、电商、交通、医疗等方面），会对我们的生活带来冲击并产生深远的影响。

---

* 冯少伟，安钠云快递传媒联合创始人，诚攻品牌工房创始人。

第三部分 实战之径：应用与推广

在未来 10 年，品牌营销面对的挑战会非常大。

二、从以"商品"为中心到以"人"为中心

过往的品牌营销更多的是基于古典营销的一些营销理论，从环境的研究出发，选定一个合适的市场，确定准确目标，做好定位，然后把策略理清楚，通过广告、公关、促销、直效营销等不同的手段规划传播沟通，做合理的预算规划，执行活动，最后把一些评估的方法完善好。在这个过程当中，不断地重新规划跟修正，从而实现整个企业/品牌的持续运营。这是一个基于以"商品"为中心的思考模式，我们称之为古典模式。时至今日我们仍然认为，古典模式还是非常具有它的实战价值的，尤其在成本观念方面。

2016 年我们发现了非常好的生意和项目机会，2017 年又涌现出其他的生意机会或品牌，当中有些获得了成功，有些已经在市场上看不见了。正如我们在过去的 10 年所发现的那样，营销环境每两三年就有快速而巨大的变化。面对如此快速的环境变化挑战，古典模式的品牌营销思路和方法往往猝不及防，难以决断机会所蕴藏的价值，也难以合理有效地把握资源，突破市场。

实际上，我们可以直接从购物者的角度出发，用新的思维思考解决当下的营销所发生的种种状况和问题。

从顾客的角度出发，看看我们的顾客需要什么，谁是你的顾客，他用什么产品，什么时候用，了解哪些是受顾客欢迎的产品，如何产生使用价值，怎么合理地处理顾客投诉，怎样把相关的顾客流失重新赢回等。以顾客为营销关注的核心，把企业的资源分配、定位发展及相关的顾客营销管理、人员组织管理与流程管理，通过数据库、信息的链接，统统整合在一起，这样，就形成了我们以"顾客"为核心的现代营销模式。这个营销管理机制完全颠覆了过往以"物"为核心的营销观念，关注点放在"人"的视角上，以"人"为核心地进行整体推广，提升企业/品牌的价值与服务满意度。

为更好地服务于"人"，我们需要在品牌观念和方法上进行革新。所以，"诚攻品牌工房"近年提出了新的品牌观念。

三、诚攻的新品牌观念

"连接企业（组织）和战略顾客之间强烈的共鸣感受，称之为品牌。Strong resonance between enterprises and customers, called the Brand."

有共鸣就有品牌，没有共鸣、没有感觉，品牌是无效的。如果这个品牌有

非常多的负面信息，没有任何正面感受，甚至恶评如潮，那么这个品牌就是负资产。如果品牌能够在小众人群当中形成很强的情感烙印，可称之为小众的强势品牌。如果品牌能够长时间屹立不倒，甚至穿越几个时代，可称之为长寿品牌。如果一个品牌能够跨时代、跨文化、跨地界在不同的人群当中广泛传播获得认同，那它可以是全球性的，甚至是社会化的品牌，成为大众社会文化的一部分。

我们在这样一个新的品牌定义当中，可以发现，品牌是存在于企业与顾客之间的动态链接感受当中的。在品牌的一端，我们看到的是企业、团体等各种组织，大到政府，小到个人；在品牌的另外一端我们看到，每个机构都有自己的客户，包括产品的顾客、股东、投资者、股票交易方、员工、各种供应商等，都是企业/品牌的客户，甚至"朋友"都是你的客户。品牌的承诺和实践满足了顾客的期待与期许，我们把这个"共鸣感"建造起来，那么我们的品牌价值就建立起来了。

共鸣感越强，氛围感越强，品牌感受就越有魅力，烙印就越深，品牌就越能够影响到我们的消费行为。请注意，这种影响力并不是单方面地由企业发出信息，而客户接受信息再进行反馈。它不是这样的。这是一个"共建"的观念。也就是说，品牌应该提出邀约，向我们的顾客、战略客户提出邀请，再由顾客反馈互动，在动态链接当中共建它们的相互关系。所以我们认为"连接企业跟顾客之间强烈的共鸣感受，称之为品牌"。

四、如何积累品牌价值

品牌似乎来无影去无踪的，是一种"感受"，营销上如何去操作这样一个体验性的顾客感受，形成价值积累呢？

1. 创建品牌价值的三个步骤

在品牌营销实践当中，第一步，我们需要把品牌最有价值的方面进行聚焦，形成吸引。我们需要从消费者洞察当中，去确认品牌跟产品最有吸引力的地方，形成"焦点"。这是"诚攻"的第一步，称为聚焦。第二步，我们要运用"概念"，通过概念去促动人群。把角色、情节和心理特征揣摩清楚，去建造一个有感染力的概念，运用概念通过群体驱动个人行为。第三步，我们要实现转换。这也就是要制造"爆点"，通过营销活动，引爆市场，把活动点曝光，将用户的行为实现有效的转化。我们需要通过三个运作步骤去创建品牌价值，第一个叫作聚焦，形成吸引点。第二个是促动，建造模型，形成概念。第三个是引爆市场，去实现消费行为的有效转化。

2. 消费者和品牌互动的五个步骤

第一个步骤我们希望顾客能够"感知"，在广泛融合的营销圈当中透出品牌信息，让顾客知道有这样一个事情，我们称为感知阶段。在感知过程当中，我们需要对顾客有一个启发性的引导，邀请我们的顾客一起，朝一个方向去共同努力，把他们引导到相对纯粹、可自控的媒体圈子当中来，如现在比较流行的类似于微信、微博这样的一些平台，我们称为"互动"阶段。在互动过程中我们能够发现顾客一些需求价值点。通过顾客反馈，能够了解顾客有什么需要，在什么地方有什么样的问题可以被解决，在什么环境下他愿意跟我们互动。而在这个过程当中，我们能够实现顾客某种承诺与"绑定"，通过绑定形成新的相互链接关系。这时，当顾客有需求产生的时候，我们就可以跟他进行价值的交换、互补，促成财务、情感、生活方式等全面的顾客"行动"，甚至对品牌产生崇拜。顾客在消费行动环节或者过程当中，随时进行一些分享，感性和理性的点评，分享一些很个人化的信息，即是愿意跟我们的品牌做朋友，成为粉丝，在不同的环节充实我们的品牌价值。

我们从建造品牌的数字营销圈开始，引导顾客到自营圈里面去，合理启发，研究顾客的整体行为，找到顾客关键时刻的消费需求信息，在顾客价值的分析当中找到价值落差，形成跟客户的捆绑跟分享，在全过程的不同阶段，实现品牌的共鸣。这样，通过"感知、互动、绑定、购买到分享"的共建过程，我们就把顾客与企业的品牌价值共建完成了。

通过"诚攻 Branford"这个方法，我们就可以把当下看起来抽象、复杂的种种品牌营销表象，化繁为简，直指品牌营销的实效落地与价值创建的核心，快速有效地把握资源与营销机会，实现真正的"品效合一"。

五、诚攻新品牌理念的实际应用——以格兰仕微波炉为例

"诚攻 Branford"是一个开放的品牌系统，一个价值共建的体系。它不会令品牌运动局限于固定的思维模式。我们用这种方式去创建品牌，会令消费者对你的企业有持续的选择、购买的动机；令你的企业跟其他同类型的企业的商品服务区分开来，实现差异化。并且，使企业的产品价格维持或产生持续性的附加价值成为可能。

我们用案例来说明一下它的应用。

格兰仕微波炉推出一个新型的产品，在微波炉当中增加了一个负氧离子的发生装置。负氧离子发生装置让微波炉在食物加热过程中，可以同时实现食物保鲜的目的。我们洞察到在中国微波炉烹调的消费观念当中，微波炉食品被认

为是不营养的、不新鲜的，微波炉烹调被认为是粗暴简单的烹调和生活方式。实际上，在微波炉烹调过程当中，负氧离子的参与，能减缓食物腐败，避免食物营养流失。这是产品的创新。

如何实现在整个微波炉品类当中，建立起品牌差异价值，引起顾客共鸣呢？首先我们看看如何确认焦点。我们把品牌资产、顾客洞察跟产品利益整合，聚焦品牌有效的价值。在微波炉内部增加一个负氧离子发生装置对整个微波炉而言，因为有负氧离子的加入，食物烹调更有营养。这个事实能从容地扭转消费者对微波炉食品和烹饪方式在观念上的误解。微波炉烹调因为有负氧离子的参与，成为一个有营养价值的烹调过程。因此，我们发出"有氧，更有营养"的号召，它成为格兰仕微波炉的一个价值标签。为了方便消费者在产品外观上面有一个明确认知，我们把它设计成为一个"有氧生态仓"的标识符号。微波炉烹调就像参观烹调过程的窗口一样，能够看到它把食物很好地保护起来，它也是一个生态有氧的系统，"有氧生态仓"的标志能够让消费者更容易明白产品创新点。

所谓聚焦就是把信息清晰化，把最有价值的东西标榜出来，产生明确的、足以启发感受的吸引力。"有氧，更有营养""有氧生态仓"就是最有力的吸引人的地方。它并不是一个简单的集合，而是提炼融合的过程。

如何把焦点鲜活地表现出来呢？我们要考虑的是"角色、情节和心理定位"。什么样的内容能够更加鲜活，什么样的食物烹调方式能够在消费者的心中形成明确清晰的印象。微波炉产品处于何种角色位置，由它产生的相连故事如何说明价值，解读的心理是在瞬间发生还是说需要长时间慢慢体验……这些都是我们需要在概念构筑阶段考虑的具体问题。

故事是通过这种方式而发生的。食材在大江大河当中，在健康原始生态下，处于食物营养最佳的状况。这是中国人烹调非常重要的理念：食物必须是新鲜的，新鲜的才是最有营养的，而最有营养的最佳状态，就是它的原生状态。如果食材通过再加工，或是冰鲜保存，或经历过其他人工的干预，营养成分就会流失。因此，在故事的角色定位中，微波炉就相当于一个捕鲜器，能够把食物直接从原始的生态环境中"捕捉"出来，保持食物原汁原味的最佳的营养状态。微波炉产品的内部空间环境，就是原生态的环境，食物在它最适当、最自然状态时被精明的厨师获取，作为最佳营养的菜肴原料，即时烹调，呈现食物最美味的状态。一条鲜活的、正在大江大河畅游的鲤鱼，游进了我们的微波炉，烹饪出来的效果就是"有氧生态仓，自然营养在这里"。而通过这个故事，加上其他卖点的清晰罗列，令格兰仕微波炉"营养保鲜"这个特点，让顾客一眼就能够看清楚。所以通过这个故事，也方便消费者解读产品背后的理念、功能与技术核心。这个概念可以发展成不同的创意点子，例如，在有氧生态仓里面有一只雄鸡，在树林里面跑动状态，框在它外面的就是一个微波炉，微波炉是捕鲜器，实现原生态的捕捉，把鸡肉营养完好地保持下来，作为最佳营养的菜肴原料等。通过创意故事的模板，我们就可以发散出一系列的创意点子，这些点子配合不同的媒介落地，形成不同的推广活动。例如，它可能做成互动小游戏，让顾客在手机上体验"捕鲜"，它也可以与平面物料结合，例如说一张折页。"有氧生态仓，食物营养在这里"强调的是食材本身的鲜活有营养，没有受到人工污染，正处于原生态中最好的状态。折页封面的微波炉图片中间镂空，透过镂空我们看到的是一条鲤鱼，当折页打开的时候，我们看到的是一条在大江大河当中欢快畅游的鲤鱼。当顾客翻开折页，还原食物最鲜活的状态。当顾客合上折页，就是捕鲜的过程。通过这个具体的媒质互动（打开关合折页）的过程，我们就把消费者卷入进来，实现消费行为跟心理的转换，实现个人观念转变，从而让"有氧更有营养，有氧生态仓"的这个核心概念深入，让消费者感受产品/品牌的价值。

六、创建品牌价值的三个步骤具体如何实施

销售促进能够令顾客花更多的钱，我们为什么还要做品牌？重要的目的是企业可以实现有效的价值积累，能够实现长期的溢价盈利，有高效的持续营运的可能。营销传播的手段其实非常多元化，我们说"连接企业跟顾客之间强烈的共鸣感受，称之为品牌"。那么在整合营销整合传播当中又如何聚焦，如何做到以概念驱动消费者，又如何引爆市场，实现有效的价值转换？

我们再以格兰仕厨电为例。

格兰仕是可靠的微波炉品牌的代名词，曾经在某个时期，占到70%以上的市场份额。随着微波炉市场发展慢慢进入成熟期，企业面临非常多的竞争挑战。如何拓展新的市场，是格兰仕企业一直思考的业务战略命题。为了寻求市场新的经营增长点，格兰仕决定用厨卫电器整合的方式去拓宽它的市场领域。所谓厨卫电器的整合，就是把整体厨卫产品，包括抽油烟机、燃气灶、消毒碗柜、热水器、电蒸炉、嵌入式微波炉六大产品，实行整合性产品拓张。我们通过企业访谈了解到，格兰仕所推出的厨卫电器产品线，当中大部分产品都是属于"基本型"的厨卫产品。它期望通过厨卫产品的整合，有效启动厨卫市场，打造格兰仕品牌的影响力，实现企业新的增长。当中很重要的任务，需要让格兰仕的经销商响应格兰仕厨卫电器品牌的启动号召，激发经销积极性，实现市场份额有效占领。在这个阶段，整合营销传播是可控的战术选择。

我们发现，在整体的消费潮流当中，成套购买整合厨电的消费方式，可能性还是比较大的。无论是家庭进行翻新装修，或者是结婚需要，还是购买了新的房子等，都会考虑成套购买整合厨电。

　　整体品牌形象的比较，格兰仕跟其他市场领导品牌，例如说老板、方太、帅康等品牌，有什么样的差异呢？格兰仕本身会带来品质可靠的品牌感受，它的消费顾客群相对成熟，有一定的品牌意识，对生活的消费支出也比较节省。他们希望通过有限的家庭支出，得到一种高品质的体面生活。这是对目标消费者的基本洞察。用六种产品联袂上市的方式，我们可以解决单品市场竞争力偏弱的问题，又能够加大市场影响力。个别产品有卖点，例如说电蒸炉是相对新颖的产品，"聚能仓"也是一个很重要的产品技术。这些个别的产品特色或技术概念会带来一定的消费者关注。更重要的是，我们发现，市场领先品牌方太、老板跟帅康在整合厨电市场领域创造出一种"高大上"的形象，过分艺术化、高档化，远离了大众日常生活的情感需求。例如说方太采用明星代言的方法，帅康把整体厨房归于高富阶层的生活必备，而老板电器更是强调特权专属。因此，在整合厨电文化上，市场留给格兰仕很重要的空白点，有利于格兰仕品牌形成差异化的厨电文化：营造高品质生活，享受不仅仅是为了体面，更重要的是通过共建爱巢，分享新生活的喜悦。这就是格兰仕的厨电文化。

　　以六大产品联袂上市为契机，我们把品牌资产，消费者洞察跟产品核心利益整合起来。我们吸引消费者的焦点就是"可靠的品质，分享给值得信赖的你"。目标消费者本身在家庭当中，就是可亲可信的角色，家庭成员互相信赖。"分享给值得信赖的你"，说的既是品牌，也是目标消费者的精神核心。在进行故事化而产生核心吸引力的过程中，我们要突出厨电产品在整个家庭当中的独特性。无论是两口之家还是三代同堂，在厨房当中总会有一些奇妙的故事发生。追求浪漫的你不经意在厨房当中发现一个求婚的戒指，家庭刚刚增添新的小成员，他们如何去营造新的生活呢？厨房也是派对的好场合，很多朋友通过美食聚在一起，共同沟通，畅聊生活，一起开心。厨房是家庭生活最温情的一面，哪怕是很晚回到家，家人都入睡了，一碗温热的汤，一份甜品，都能够体现出家与爱。我们要凸显格兰仕厨电产品在家庭当中的独特作用，它是表达真爱、唤起生活激情的故事。这就是格兰仕整合厨电本身的故事化。

　　我们如何能够驱动群体以至于驱动个人呢？格兰仕的概念就是"新生活的喜悦，要和你来分享""品悦真生活，就在格兰仕"。一对小夫妻刚刚搬入新居，进入新装修房子的第一天，他们刚刚做完第一顿饭，用瑜伽动作来举杯庆祝。碰一碰杯，向往憧憬的新生活已经开始了。生活翻开新的一页，"品悦真生活，就在格兰仕"。针对格兰仕不同的产品品类和具体的产品特点，品牌概念植入不同的具体创意内容。例如，嵌入式整体厨房，它非常节省空间，在小小厨房里面我们甚至可以跳舞。例如，厨房的热水器的储水容量非常大，我们无论洗澡花多长时间，都可以保持恒温。在洗澡时，可以完全放松，让身心放飞……我们把概念故事重点落地在厨房产品整合的意义上面，也应用在个别的产品利益上面，体现品牌整体性与细致特点，有效通过品牌概念驱动个体感受，驱动个人消费者对产品的感受与反应。

我们在传统媒体开展"品悦真生活"的品牌传播，具体通过报纸广告、户外广告等方式传递信息。在分享新生活喜悦的故事性帮助下，我们让全系列的厨卫产品同时上市，鼓励消费者打热线电话咨询，引导消费者到当地专卖店去参观。线下同时展开渠道拓展和促销活动。从渠道建店、终端促销、小区促销等方面，通过促销专员与顾客进行面对面的沟通，介绍格兰仕整体厨电产品、主要的买点和优惠的配搭。在服务上，在刚刚入户的小区里面展开小区推广，格兰仕经销商提供上门测量等一系列的到家服务，提供个性化的厨房设计方案，并且鼓励他们到格兰仕专营店订货。

配合品牌营销，需要创作一系列的落地物料。针对品类产品特点，如包括抽油烟机、煤气炉产品、消毒碗柜、热水器、微波炉及整体厨房产品等，都有不同的落地的点子。针对产品的促销路演，搞小团队化运作，并设计便携的促销路演工具包。针对具体产品特点，设计一系列的产品卖点的 icon，令消费者能够清晰了解每一个产品的具体功能特点。故事就在这些推广内容中得到整体呈现，通过报纸等媒介或活动等形式传递出去。

我们在线上增设有电商功能的官网和官店，在淘宝、百度、新浪、腾讯、PPTV 等通过硬性广告的方式推广网站和促销信息，同时，通过网络来招募区域的品牌经销代理。我们开设格兰仕社区营运，包括游戏专区和社交专区两部分，让消费者去分享新家庭装修和蜜月生活的快乐与心得，通过新的家庭生活的话题引导，讨论购买厨电产品最合适的时机，由此来植入格兰仕全系列产品品质可靠，值得信赖，鼓励他们通过网络订购，或者是到格兰仕当地专营店去参观。

通过这样的整合营销推广，我们把线上的话题传播引导到线下的具体促销活动当中来，把格兰仕渠道专营店的建立跟活动促销组合起来，实现有效的购买转换。

在消费行为有效转换当中，我们通过"爱，分享满心喜悦"作为概念的原发点，提炼出"品悦真生活，就在格兰仕"的沟通主题。这具体分成三个营销落地转换阶段。第一个阶段是创造关注。创造关注主要通过传媒传递"品悦真生活，就在格兰仕"信息内容。具体配合包括官网、官店、门户、QQ

空间、PPTV、产品小游戏、产品型录、专卖店面的建造与标准指引、终端促销活动与物料、渠道推广指引等。营销的目的在于通过品牌集中整体的露出，以实现渠道招商及形象建立，创造品牌关注度。在认知上，从"格兰仕并没有整体厨房，也缺乏整合能力"，到消费者已经知晓格兰仕推出了以"爱和生活"为主题的格兰仕厨房电器，引发了经销商和消费者对品牌和产品的兴趣。第二个阶段是品牌探索，在这个阶段，"品悦真生活，就在格兰仕"同样采用线上线下整合的沟通方式，但沟通内容上以产品露出为主，包括品牌的形象看板，官网及相关的网站当中的产品型录，标准店建设跟促销物料的具体落地实施等，配合覆盖不同的区域营销，实现渠道的建店拓展和新消费者购买促销两者互相结合。同时在整体渠道建设中、在落实的区域性招商中，帮助经销商投入市场促销和开展上门服务。在促销过程当中，实现从消费者的关注到引导购买，通过引导购买，不断地引发消费者探索产品的兴趣，深化格兰仕品牌本身不但品质可靠，更是"爱跟追求""热情与分享"的品牌印象。最后开展第三阶段营销。随着渠道建设不断地落实完成，经销商积极地入货及对促销推广的响应，推广重点变成由促销活动主导。我们把终端活动、小区促销活动跟渠道营建活动在不同区域不断地开展起来，把"品悦真生活"扩张到所有的渠道连接当中去，扩张放大营销传播点在人力推动上的力度，推动品牌营销目标的实现。整个落地过程，我们还原了格兰仕品牌最初的定位，格兰仕对家庭生活的追求：爱、分享与热情，"品悦真生活，就在格兰仕"，创新了品牌价值，引导了消费者关注品牌，最终实现消费者购买与话题的持续传播。

从效果评估来看，以渠道拓展为例，格兰仕原定营销目标是 70 家专营店陆续在六个月内完成投建。而实际上，整合营销不到九个月的时间，全国新增的格兰仕品牌专营店超过 700 家，是原定目标的 10 倍以上。并且随后在第二年，格兰仕把原来的以空调专卖店为主的专卖网络，整改为与厨电混搭经营。独立的经营改造计划，令品牌专营店数目超过营销计划的 100 倍，实现厨电品类战略扩张目标的耀眼成就。

七、如何通过互联网实现品牌价值的市场拓升

创建品牌价值的同时，实现市场的有效拓升，这不仅仅是一个创意的过程，更是一个系统整合的过程，但我们不一定非要用复杂的手段才能实现它。我们可以用一个具体物料传递价值，如前面的微波炉的例子，也可以通过复杂渠道的整合营销传播手段，如厨卫电器的例子，都可以实现。

我们再举一个案例说明企业如何通过互联网这样一个渠道，实现品牌价值

的市场拓升。

370Z 是日产公司跑车阵营当中的一款，它在 2013 年时进入中国市场。显然 370Z 这款跑车在中国没有什么知名度，就算是真正对跑车感兴趣的目标潜在客户，对 370Z 情况也不是非常了解。我们发现，性能当然是跑车品类的核心价值，但性能之外，对于中国消费者而言，购买 40 万元以上的车，还是会非常在乎品牌。在高档汽车品牌中，知名的如宝马 Z4、奥迪 TT、奔驰 SLK 等，在中国非常强势。370Z 要在竞争中突围，实现日产跑车在中国市场的战略性目标，不但要实现单品的终端销售，还要进行 370Z 本身的品牌差异化，在市场上脱颖而出。从建设 370Z 的知名度开始，数字营销是有效可控的战术选择。

370Z 是高性能的入门级跑车，我们要基于跑车的本质，启发目标消费者的关注。经研究发现，这一群人是非常关注跑车信息的网络"跑粉"，经常在网上互动，跑车文化有一定的社区基础。我们的策略核心就是：跑车的价值在于性能跟驾驶的乐趣，不仅仅在于品牌。这样一来，我们就能够创造出差异化的市场定位，跟宝马、奥迪、奔驰区分开来，创建 370Z 核心的品牌价值。"我们不是为了面子，我们是因为热血。我们追求的不是妞，我们追求的是速度""速度是一切，这是跑车的本质，也是日产跑车文化的本质"。

结合日产跑车的品牌文化，370Z 聚焦完成。

如何通过创建概念，用概念去促动群体，让群体来促动个人？我们的机会在于以速度的概念来故事化 370Z，还原跑车的本质是驾驶乐趣，是激情与速度。我们如何故事化？有一部知名电影《速度与激情》，它诉说着热血的人们对跑车的追求和刺激。在《速度与激情 3》的海报上就是 350Z，在《速度与激情 5》中，出现在海报上的就是 370Z。370Z 不仅仅是速度，还是公认的漂移王。它启发我们，要还原消费者对 370Z 的热情，突出产品的品牌文化特性，也就是速度跟性能。"速度是一切，请发动起来，ZOOM"。

获取了这样的品牌概念，我们如何跟目标群体进行互动，以促动群体，影响个体的消费决策？我们的方法是唤起民众对跑车本质的热爱，创造更多的机会让大众认为 370Z 是最佳的入门级跑车。在日产跑车整体阵营当中，知名度最高的当属 GTR。GTR 是明星级产品。我们就可以通过 370Z 跟日产 GTR 的整体比较，实现消费者在考虑热点上的转换。借助对购买 GTR 的热情，来植入 370Z 作为最佳入门级跑车的信息，如果你想买 GTR，就要花 100 万到 150 万元。如果你只有 40 万元怎么办？那么你应该选择 370Z 作为入门。鼓励目标消费者通过这种先入门的方式，去了解跑车，接触跑车，从而拥有自己的第一台体验速度与激情的跑车，加入到日产的跑车阵营当中来。

要引爆市场，如何把网络上对热点的好奇引导到具体的消费行为转换呢？我们还是在370Z上做文章。"Z"等于速度，等于跑车文化的特性，创意370Z主题，"Z速传奇"成为推广主题呈现出来。我们要把对跑车好奇的相关话题，延伸引导到"传奇跑车特训营"这个具体的线下活动当中来。我们还原消费者对跑车的本质追求：乐趣、速度与热情。Z设计成标识去表现"Z速传奇"的精神核心。在创造关注度方面，我们通过上海车展透出"Z速传奇4.8S，100米加速"这样的核心产品信息，也通过病毒视频跟EDM的沟通方式实现在上海车展的前期预热。在网络炒作当中，我们通过370Z与SCC超跑俱乐部的相关内容，通过微博跟优酷土豆的平台去实现网络话题的持续炒作。在品牌探索期，也就是品牌上市期，通过官方网站，在日产网站上实现产品的网上互动体验。而在线下部分，通过GTR"传奇跑车特训营"活动，我们召集370Z的粉丝和热情的跑车迷们加入到特训营里面。这里通过微博的途径进行活动召集。最后，在品牌扩大热度时期，我们把相关的活动内容信息话题，全部引导到"传奇跑车特训营"线下活动当中来，让日本的GTR的跑车训练导师，跟我们的车迷共同去体验跑车文化及跑车速度与激情的乐趣。这主要通过微博传播与优酷、土豆视频的传播相互结合，去传递370Z的跑车文化，实现整个品牌营销的热度扩大。推广落地核心就是370Z的"Z速传奇"，我们要把消费乐趣和速度与激情的跑车文化创建出来，实现370Z融入中国市场的战略启动。

具体执行的创作任务就是搭建370Z网站——"产品网站Z速传奇"。官网不仅仅为了了解产品，而且在这里也能找到同好。在370Z产品网站当中，概念转化为在网站体验"Z速传奇"，分成几个栏目，包括传奇体验，具体内容是Z速电影，40年的赛车基因等；速度体验，370Z的USP与互动体验跟Z速传奇App下载，游戏等；激情体验，370Z跟SCC超跑俱乐部相关车迷的访问，图集收集等。官网上有相关专业媒体的测评综合，并与《汽车之家》等垂直媒体平台实现一个内容数据的互通。在官网上，用户可以很轻松地预约试驾，查找当地经销商信息。整个网站就是370Z的数字营销的核心平台。导航就包括了Z速产品网站的预约、试乘试驾、经销商查询、型录下载等内容，在具体的栏目上，把Z速传奇、Z速亮点、Z速图集、Z速与激情以及其他相关的内容信息，按照不同的网络互动的方式生动地罗列出来，整体实现产品的品牌文化跟故事的形象整合，并通过技术手段让内容呈现更快速，更适应移动体验的需求。

另外的任务就是持续的网络炒作，与SCC来PK，区别我们产品的优势，建立品牌的独特精神。通过网络体验、话题的沟通，实现顾客对370Z的不断认知。我们把传播导向的重点内容，都放在网络活动的传递上面，主要包括跑车特训营的微博报名活动等。

我们通过网络把"故事"传递出来。通过网络线上平台的整合，把370Z的网络话题转化成具体的线下活动，驱动个体，实现高效的KPI。

八、智能数据主力品牌营销

在融合时代，大数据来了，AI（人工智能）来了。智能数据正在改变整体人类的运作模式，未来我们通过人工智能模拟运算，不再是单纯地依靠人力去完成品牌运作和营销传播体系的构建，我们更多是协同合作，通过智能与计算、数据、多重网络，一方面降低成本，另一方面提供更有针对性的、更令人满意的服务。

我们经常会被问到这样一些问题："数据多大才算大""怎么样的数据才算是大数据""用什么样技术才算是大数据技术""要多少台服务器""要结构性数据还是非结构性的"专家会给出非常多的不同答案。从品牌的角度看，我们认为，其实大数据在真正建立的时候，必须要有"时间的长度""覆盖的宽度"和"场景的深度"。

"诚攻品牌工房"通过实践发现，无论是大的数据还是小的数据，对关系营销都有深刻的影响。"数据"的启发是企业变革的引擎，是改变我们和顾客关系的引擎，它让我们更自由地跟客户分享知识、分享体验，去共建一个品牌。我们知道得越多就能为顾客做得越多，让其更满意。

当下消费者时间太碎片化了，媒体太多了，顾客的专注力很容易被不同的媒介所分散。品牌在某个场景共鸣的感觉，跟另一个场景所感受到的，它们一致吗？它们能够相互链接在一起吗？过去跟未来的信息能够协同吗？如何形成新的吸引点引发关注？所以我们说，如何便捷启动信息共鸣，是融合时代品牌价值塑造的关键。在融合时代，品牌已经由一个点散发到无数个点，去中心化了，内容本身就是那个点，传播途径本身就是核心——不妨想想当下的"共享单车"项目的热潮你就感受到了——扩散及二次传播最重要的是概念和体验启发。在这个营销环境下，企业和品牌还是需要一个核心的自建"平台"，大家在一个共同的平台上，有更好的感知，实现良好的互动与裂变。我们除了需要一个官方的平台，还需要有"流量"。企业需要跟各种专业的垂直方向的媒体、垂直方向的平台进行流量上面的合作，导入有效的流量。我们需要更多的"社会化渠道"，社会化渠道有非常多的个性化、个人化的体验跟分享，可以实现销售跟口碑很好的结合。我们运用官网加垂直平台，加自媒体平台这种结合方式，就能够提供更为可信的信息、更佳的用户体验、更好的优质内容、更真实的社交体验。这种品牌圈层就有可能实现品牌的跃式裂变，快速引爆市场，实现项目和品牌的价值，产生巨大的影响力。

智能数据运作模式的核心的起点，是进行顾客旅程跟关键触点因素的分析，为我们的顾客贴上消费行为标签。比如说它是顺从者、挣扎者、主流者、热望者、成功者、探索者、改革者等，对他本身的消费动因及内心当中的核心价值观进行明确的描述跟洞察，建立不同的顾客集群。而针对不同的产业市场，例如地产、金融、高端消费、女性、汽车、运动、网购等不同的产业市场，结合公用数据采集稳定的数据源，结合相关有用的数据技术，采用回归分析、逻辑分析、重合分析、集群分析、关联分析、潜在分析等方式，以确保我们每次数据开展都基于合理的目标且有稳定的成功概率。顾客的利润贡献数据主要来自于我们整体的评估。这里面的评估包括品牌决策、销售名录、客户追踪、销售业绩、预测模型、模型导入等指标，以确保每一次的数据库活动都是成功的。而数据库可以运用在快销品、耐用品、居家建材、生活服务的销售上，解决包括"如何进行销售促进""如何寻找新客户""如何提升顾客忠诚度""如何进行营销预测""如何进行数据挖掘"等问题。这样，我们就以稳定概率作为数据库运营的基础保障，把我们的产品通过创意包装，在适当的渠道，用合乎要求的成本推送出去，实现利润性的有效整体回收。

2017 年中国首个全网现场直播的音乐会，有将近 2 000 万人观看，其中一个粉丝贡献了将近 900 多万元的礼品，折合成现金将近 90 多万元，他得到有明星签名的音响一套。2017 年电视跨年可以不是一台晚会，也许是一个网红的演讲……一般的顾客"看到"的只是品牌在市场上的营销活动。各式各样的创意活动它的背后有企业与品牌联合的合作，有跟门户的垂直合作，有跟社交平台，更多的包括引擎、特殊渠道销售的合作，有与第三方数据、移动端、呼叫中心等的合作。我们认为应当把这些业务都归结到企业的一个核心的平台当中来，这个平台功能可以有电子商务、会员、客服社交等功能，通过对这些功能模块的管理，实现与顾客的信息对接与互动沟通。营销平台还包括种种技术手段，进行有效的、合理的运算，实现有效的匹配。这样，可以迅速抓住品牌的粉丝和产品的潜在客户感兴趣的活动，使其被吸引，实现互动，最终通过一些会员活动、电子商品跟企业成交。这些消费会累计成为消费行为经验数据，用"数据经验"反哺启发下一拨活动的创意想法与评估实效。

九、快递传媒如何创建平台价值

在"互联网＋"的风口浪尖下，做一个创业项目，要进行项目的价值定位，赢得更好的项目融资，就需要把项目整合打包起来，凸显它的核心价值，实现商业模式、营利模式的实证落地。那该怎么做？如何创建企业和品牌？我们以快递传媒为例，看看"诚攻 Branford"创建整个平台价值是怎么做到的。

全球市场中有些市场是以手机为主的，有些是以电脑为主的，中国是多设备且以手机为中心的市场。手机基本上能够满足顾客全天候的任何需求。从早上起床，到中午吃饭，到晚上睡觉，任何时间的任何互动都能完成。手机基本上能代替平板，代替电脑、电视、收音机，代替传统的报纸、杂志等。从2010年以来，线上和线下融合跟2010年以前是完全不一样的。之前只有实体店的购买，或者只是线上的购买。2010年后，电子商务结合线上的、线下的、微商的……各种方式都逐步建立起来。这促进了中国电商和快递业的快速发展。各大电商平台在促销时，可能每个人当过"剁手党"，做过一些冲动性的大量购买。以淘宝天猫为例，2015年"双11"当天是900多亿元营业流水，2016年"双11"是1 207亿元，同比增长34.1%。从快递增长的角度来讲，2016年上半年营业额是1 704.6亿元，增长42.3%，整个包裹件量增长56.7%，2016年整体快递营业额突破了4 000亿元。这表明中国电商和快递业发展速度增长得非常快。

在这些数字下，我们如何实现价值的聚焦，去构筑一个项目的吸引点呢？快递一方面连接的是我们的顾客，另一方面是我们的商家；一方面是厂商，另一方面是消费数据和消费行为。快递也很少丢失，它甚至能直接进入家里，通过消费了解你的个人和家庭的需求。当顾客撕开快递单看到广告，如果他恰巧也需要，就会根据广告再继续购买。在媒介特性方面我们也发现，每一个快递商品的广告是一个专属的广告位，很少干扰，没有挤兑。顾客在收快递时至少会看一眼，确认一下自己的收货信息，这个东西是不是他的，顺便就把广告看到了。而且很重要的一点，据相关的沟通和回忆显示，它是集中的、无障碍的。在这个过程中，他的回忆率可能是很高的。而且，它能够实现有效对接，如收包裹的时候，顺手拿手机扫码等，实现良好的价值对接和转化。我们发现，我们可以结合电商的购买力与媒体的传播力，把整个快递业巨大的数量基数和发展的潜能，把"有效的对接""百分百到达"跟"移动性"结合起来，帮助企业实现O2O营销的转化。

我们把最有价值的三方面整合在一起，就得到快递传媒价值的核心：100%入户到达。它能够全面覆盖到全国，能够精准绑定每个顾客，能够把相关行为实效转化。

针对项目的战略顾客（商用客户）而言，他们最难做到什么？是找到他们的客户群。第二难是什么？让客户群再次购买。如何进行故事化让战略顾客有感受？我们发现在签收快递的环节，对购买者而言其实是最有吸引力的。一敲门，快递来了，消费者"噔噔噔"地跑过去接收了。这是最能够产生期待感和喜悦感的环节。我们把这个环节重点凸显出来，一个广告位对一个真实的购买者点对点地送达，零干扰。同时，从广告投放到活动统筹，到区域的分配，全国性的投递，再到顾客扫码，实现再次的消费……与全程可监控这样的特征整合起来。所以我们说快递传媒电子运单广告（云贴）媒介价值，它不仅仅是收视率、阅读率，还是闭环的签收率。百分百能做到这一点，顾客百分百能看到这个广告信息。因此，以群体推动个体的概念就是：最可信的媒体监测系统，它不是收视率，它是一个闭环的签收率。

用战略顾客的营销实证，就最能凸显媒体的价值有效性。以苏宁易购促销活动项目为例，苏宁12周年"99爱自己"，异乡打拼者的故事。我们利用网上比较流行的，例如H5技术，捆绑手机端整合沟通，通过手机端进行线上线下活动整合。我们投放"99爱自己"这样一个广告，然后通过快递面单（云贴）进入千家万户，再引导回到线上参加厂商的促销活动。当周活动录得29 233个粉丝接力，超过2万人次参与了促销活动，实际参与各门店活动的人数更多。苏宁易购只是在广州区做了20万份的快递广告投放，就达到这样一个效果，获得了2万人次的活动真实参与，转化率将近10%，活动取得了非常好的效果。

我们的战略顾客（商用客户）其实更关注媒体有效性，关注顾客对产品的有效接触。由此，我们就把快递传媒（云贴）这个爆点提炼出来："你跟购物者之间只差一次云贴"。意思就是，只要一接触就能实现有效的顾客行为转化。用一段话总结：

云贴，中国首个基于电商购买力与媒体传播力的创新媒体，云贴出现在最具期待的快递签收场景，每个云贴都拥有一个专属广告位，每一个云贴都对接一个真实购买者，依托大数据的投放计划，专业高效的统筹制作，成熟快捷的互联网络，让广告体系实现垂直到达，创新多元的垂直营销引爆历史消费模式。独有的云贴监测系统与快递查询系统，双平台监督体系，打造精准监督广告，使投放更放心，效果更精准，成本更优化。安钠云云贴，提出全国普投、品类定投等多种媒体投放组合，为广告主提升品牌价值与营销效能，实现"品效合一"的媒体解决方案。你与购物者之间只差一次云贴。

我们的战略顾客（商用客户）也关注营销平台的整合与服务。平台上一方面是广告商、代理商一端的客户需求，另一方面是整体的广告量。我们把客户需求匹配通过"定投""普投"跟"品投"的方式，在媒体的平台上实现对接，按广告需求进行有效投放。把超过8万的大型电商、6亿的消费者"大数据"应用起来，把匹配性用起来，把快递广告真正有效地"点对点"链接起来。与此同时，如快递包装、快递柜、主题活动等，各种线上、线下，第三方的资源、媒体都整合在一起，去增加客户黏性，增强客户品牌传播效果与影响力。

通过"诚攻 Branford"方式做快递传媒项目和品牌，在短短将近9个月，很多客户（战略顾客），包括像三九、vivo、途牛、宜家、雪佛兰等，超过60个不同品类的品牌迅速看到了媒体的传播价值，愿意加入平台尝试投放。这样，快递传媒项目的商业模式与营利模式也就顺势建立起来，得到许多投资人和机构对项目的价值认同与资源投入。

十、顾客和品牌的共鸣

连接企业和战略顾客之间强烈的共鸣，称之为品牌。共鸣方式非常多，它不仅仅是情感上的共鸣。顾客愿意为品牌付钱，愿意行动起来，在财务上进行绑定，这是一种认同和共鸣。另外一种情况，它可以是在偏好上面实现相互沟通对接，在喜好度上进行绑定。还有，它还可能让顾客在生活方式上离不开，每天都必须使用，实现在结构上面很好的互动跟绑定。最后，顾客甚至希望品牌就是他自己，实现社会化的绑定，成为我们品牌的代言人。财务、偏好、结构、社会化的这四个绑定，都是顾客与品牌的关系在共鸣价值上的体现。

不同时代有不同的实效品牌营销方法，我们可以把"诚攻 Branford"与其他在不同时代产生的品牌营销方式、观念跟方法比较一下，方便我们了解品牌观念与价值创建方法的时代性。我们过去讲得非常多的"独特的销售主张"，它强调的是产品的具体的特殊功效跟意义，实战应用非常多。"品牌形象"也一度非常流行，它强调塑造形象要着重于长远投资，在精神上和心理上都要满足客户的需求，它更多在视觉艺术上给予沟通。20世纪70年代以来的"定位理论"当下也有应用，它更多的是创造心理层次上的第一，强调品类的独特性，强调第一，心理上认同这是唯一的。2000年以来，"诚攻"体验论成为一种新的品牌创建观念，它强调互动跟体验，认为形象是基于真实的创新组合，个体和大众是相互依存的，大众能够驱动个体行为，产生很好的变化和被感染，体验跟共鸣是它的关键。

"互联网＋"是一个充分的生态系统，顾客购买的全程都可以通过跨平台技术、硬件，实现"一键式"整合。任何的解决方案，例如说支付性，只要点击一下，或指纹确认，很快就能实现所有购买。在品牌价值创建的过程当中，把最有价值的部分提炼出来，然后通过概念去触动感受，通过爆点引爆市场实现消费行为有效转变，技术是不可或缺的，但它往往只是手段。数据、技术、平台应当视为创建品牌的手段，并非品牌价值构筑的根本。

现阶段以自媒体、智能移动为核心，以碎片化、跨平台、移动为特征，更需要用智能大数据的方式，去预测消费者的需要，更需要"大"的创意，利用各种媒体的手段去体验互动，跟消费者有更好的共鸣，去满足消费者的需要。我们相信品牌价值是存在于消费者跟企业之间互动共鸣的体验感受当中。品牌不是通过无所不在的互动来迫使人们跟你沟通，而是通过保持关联性、目标性，通过在移动环境下面对敏感度的把握，在空间当中对消费需求的细致把握，通过启发的方式，让消费者主动靠近，让顾客跟我们的品牌一起共建共鸣，甚至成为品牌的代言人。

移动营销的几种姿势

曹　彤[*]

　　首先，我们来探讨一下新媒体。为什么我们要去研究和学习新媒体，甚至有些人以此为职业，有些人可能会以此去创业，更甚至有些人会改变一些新媒体的行业发展，或者更多的东西。我想和大家讲一讲我的故事。

　　我在新媒体行业工作了很多年了，也创业了很多年了，如果从头算起来的话，算是从 2003 年就开始了。我当时在中山大学学习电子商务，老师给我们讲了很多与未来有关的课程，比如机器学习、人工智能、数据挖掘，听起来很科幻。唯独广告和新媒体这个部分讲得不多，但是你会发现，无论怎么样的业态，或者什么样的产品，始终都离不开广告。在 2003 年，我开始了创业。我当时的状态就是一个普通的少年，对于像我们这样白手起家的人来说，可能是学了点知识，接触互联网比较早，喜欢动手。那么，创业的方向很重要，即你要怎么创业。互联网有非常多的可能，当时电子商务刚刚开始的时候移动互联网还没开始进入大众视野。我们发现，很容易被切入的就是广告，就是新媒体，这个角度比较容易创业，所以当年我就一直在琢磨这个事儿。

　　我觉得在技术开发上，有一点点技术背景，但不是很强。要做一个精品产品，投资比较大，但你若是要做个广告，有关新媒体的事儿，门槛还是比较低的。我记得刚开始我们也就是五六个人，我们创立了一个广告公司，叫"网络广告公司"，投资很少。我当时和我的研究生同学说，我要创业了，给点资金支持呗。他当时在银行工作，他说你要多少钱，我说怎么也得给 10 万元吧。他说 10 万元不行吧，怎么也得 20 万元吧，可以贷款。我当时算算账，房租、办公人员开销，再加上广告业务方面的投入，包括采购媒体、对接客户等。技术开发是基于外围开发，开发的工作量、工作难度、规模都是可控的，所以请工程师的费用也不是特别的贵，4 000 多元。总体上来说，10 万元足矣。然后我就签了一个贷款协议，我那同学够意思，愿意为我担保，这样就开始了我的新媒体。

　　刚开始第一波的时候，我们做那个互联网广告，比如搜索引擎的优化、论坛相关的事情，你会发现，客户是很愿意和你谈的，但是收入比较少。同时你

　　* 曹彤，指点传媒创始人、董事长，新媒体营销专家。

会发现每谈一个业务，它的周期很长，那个时候感觉挺艰难。最后差不多一年，10万元花光了，然后又借了10万元，总共20万元。

后来我运气好，正好碰到一个市场爆发点，开始重新起步。有些男同学可能想创业，广告和媒体确实是一个门槛比较低的行业，也比较容易上手。对于普通的学生来说，确实是一个不错的选择。

到了2006年、2007年的时候，有一波机会，就是WAP。我们当时属于创业成功者，但是有一些更年轻的创业者，特别喜欢用手机上网，他们比较敏感。所以在座的各位你们要是做新媒体有一个最大的优势，就是年轻。年轻人客易接触新的产品、新的媒体、新的广告形式。WAP兴起的时候，我就发现了，但是有些高大上的公司就未必能发现。我印象特别深的一件事，据说有一个人当时在僻远的地方放羊，整天没事干，就每天捣鼓手机资讯，还做了一个WAP网站，还做了一个论坛，在里面和大家交流，其实就是社区了。在社区里，他放一些自己的文字、图片，东抄西抄拼凑起来，他自己不是创造者，也不是内容的开发者，就是将一些东西聚合在一起，当然不是腾讯聚合，而是人工聚合，就是自己在那不停地把一些东西凑在一起，结果浏览量还挺大。被我们看到了，我们就和他说，你能不能推广个产品。他很惊讶，没想到还可以做广告，之后他就开始涉及广告方面了。后来，我们发现很多年轻人都有自己的站点，每一个站点联合在一起，就变成了一个新媒体。

那会儿我们公司有一个员工，人高马大的，18岁，但是一问才知道，12岁开始就没读书了，和他说英语，他不怎么懂，但是他喜欢摆弄手机，你要是问他关于手机的问题，他很快就明了，而且还有自己的一些独到的看法。他的想法很草根，很接近网民，甚至会一些小技巧。当时我们想要做一个产品，符合媒体的发展状况。这是我第二次创业，当时只有三个人，虽然只有三个人，但是很快发展成100人。我发现请来的员工年纪都很小，其实我对我们的业务还不是很熟悉，当时那个18岁的少年特别喜欢捣鼓手机上的文字，哪些粗、哪些红、哪些要加下划线、哪些需要配图，他说这样处理之后点击量会上升，会让网民看广告的时候少一点排斥，或者说，能够让你的用户体验更好。他的业绩在所有人当中最好，收入也最高，很快就从一个拓展人员变成拓展经理了。现在回想起来，他当时的一些做法，就是广告优化、用户体验。

将来如果在座的各位从事新媒体行业，你们要避免的一个最大的误区就是，你们不是这个媒体的受众或者不是这个媒体的用户，这是最可怕的事情。如果这样，你就会发现，你所有学过的这些专业、术语、课程，都没有用。你会发现你在广告上把本末都颠倒了，甚至在广告工作中，你的上司根本不欣赏你，自己做的广告也不好。

你会发现当我们说起广告的未来的时候，你还是挺兴奋的，以为将来可以放品牌广告，可以放汽车广告。但是，我记得我们当时一个月的收入是6万块钱。有一天下班，我认真地看了一下我们的业务报表，6万多块钱的广告业务，不是房地产广告、汽车广告，也不是什么消费广告，它主要的广告是软件，在手机上推广其他软件，比如DF、游戏广告。当时也有一些游戏公司，做得挺不错的，而且也拿到了投资，他们的广告投入声势浩大，但是作为广告主的他们，收入却不高，甚至呈现亏损状态。广告主有两个选择，一个选择的是我们所谓的"业内广告"，包括软件包、游戏包；一个选择的是汽车、房地产、金融、3C、快销。A和B，你选哪个？假设让你去做这个企业的负责人，假设你们是广告事业或者媒体事业的负责人，你们会怎么选？这个选择是有规律的，或者说有轮回效果的。下一次新媒体再兴起，比如说VR广告、AR广告，还会有更新的媒体出现的时候，这些规律全部都适用，可以让你们少走很多弯路，也可能会得到领导的赏识。

话说，WAP早期，选择的就是"业内广告"，也就是软件包、游戏包，这是最主要的。换句话说，同学们，等你们在启动一个新的媒体时，在负责一个新的媒体业务时，你要想一想这两个方向的问题。你要选择一个能让市场爆发的、广告主接受的、用户也喜欢的行业，是要遵循"业内广告先行，传统广告居后"的规律，这个规律是我很多年之前总结的，现在管用，以后那些AR广告、VR广告都管用，以后你们创业的时候就要记住这一点，对于创业者来说，选对方向很重要。

再后来，到了App时代，我们现在接触比较多了，这个时代和以前又不一样了。App广告兴起的时候带来了一波机会，又一波年轻的人、新的媒体、新的模式来了，结果又被我看到了。当时我买了最新款的苹果手机，但是很可惜的一点是，我虽然经常使用Apple store、Itunes等，但是并没有敏锐地抓住这个新趋势。当时使用这个手机，觉得很方便、很酷，但是可能因为当时我创业成功了，有钱了，对时代发展的感觉和之前不一样，变得不那么敏感了，所以导致错失了良机。也许，等你们在媒体从事很多年之后，也可能和我一样，容易麻木，变得不那么敏感。当时一大批年轻的人利用这个机遇，做App社区、下载站，开发游戏、App内容，App免费下载等。你会发现每一次机遇的背后都是新媒体，所以，在下一次新媒体形式到来之前，你们要多关注一下新媒体的发展趋势，多问一些问题，这个可以媒体化吗？这个可以广告化吗？看内容、产品的时候，反问自己这里面存不存在广告的机会，能不能盈利？多问自己这样的问题，说不定你就是下一个乔布斯，下一个伟大的创业者、独角兽。但是如果你只是抱着玩一玩的态度，觉得很酷、好玩、价格不菲、别人没我潮，将这些新鲜的事物当成身份象征的附属品、攀比的工具，那么你是会错过市场机会的。

我相信你们看到的、所感受到的是新媒体新的发展形势，日新月异。未来三年，就会有很多的发展机会。在新媒体大潮来临的时候，要学会"淘金"，像挖宝藏一样去寻找机会，就像 App 兴起的时候那群"见风使舵"的年轻人一样，敏锐感知时代的变化。新媒体讲究规模，即用户规模。竞争最激烈的时候还要补贴，补贴意味着什么呢，你自己算账，这个月的毛利润是多少，20%，可是大家都不是傻瓜，都知道这是个机会，是个金矿，一拥而上，结果利润就接近于零。

当你看到蓝海的时候，其实它已经不是蓝海了，而是红海。如果你明白这个道理，你会做很多的准备，包括心理承受能力、团队能力、资金状态，最担心的是竞争对手一出现，你就往后站了。特别是在一些融资能力比较强的公司面前，很可能就成了负利润了。所以，如果以后你们遇到新机会，你要把你们的困难乘以一百倍，把你们的产业程度乘以一百倍。

在新媒体趋势中，广告越来越多地与内容结合在一起，对一则广告而言，创意非常重要。创意是区分一个广告好坏的重要标准，广告或者媒体从业人员要有创新意识和产品导向型思维。有一次，我们要发布一个广告，当时看好一个游戏广告，我们从广告创意和设计方面着手，一天的广告样式就达到 30 条，有的是红色，有的是绿色，有的是中文，有的是英文，然后将 30 套放在一起，一个小时内评选出 3 套最好的广告样式。广告效果好不好，很难知道，我们只能预测。有的时候自己做的方案 A、B、C，可能老板喜欢 A，你喜欢 B，但是最佳的可能是 C，没有一个统一的答案。每一个方案都有它的受众，所以对广告从业者来说，把握受众的喜好很难。

也许你曾经有一个很宏大的理想，后来才发现，它被细分了、专业化了，沿着某一个方向进行，于是程序就开始出现了，程序和广告结合势不可挡。以后，你从事的时候就会知道，你必须有一个很强的技术团队做后盾。不管你以后遇到怎样的广告产品、技术趋势，你都必须理解它的规律，不管时代怎么变，它都会成为你的核心，不受变化的影响。在五年前，技术要解决的问题是广告的精准，最终目标是广告服务，有人用技术来解决某一个垂直领域的精准，有人用技术来解决发布渠道的快速，有人用技术来解决广告的零售批发，还有人用技术解决广告的分段。在每一个小小的领域，技术都可以为广告主创造价值，为媒体带来收益，为用户带来好的体验。

接下来，在 2013 年以后，又出现了一个新的话题，叫"用户"。做广告、传播的时候，都需要考虑用户的感受。在传统广告行业，广告设计和广告理念就是吸引注意力，但是现在就不是，而是以人为本，充分考虑用户的感受，出现了"用户至上"的理念。当你看新闻的时候，可能会弹出一个广告，比如说卖包包的，但是广告的右上角会出现一个叉叉的按钮，当你点击关闭的时候，系统就会自动记录你的选择，以后就不再给你推送这样的广告了，这就是用户至上的做法之一。做广告需要对用户充分理解和挖掘，现在的广告都很个性化，很接近用户的需求。广告连接了商品和用户、内容和用户，充当着两者之间的连接器，所以，在广告理念、技术、发布上都要考虑到用户的感受。

提问环节：

A：广告越来越不好做了，我是一个媒体的从业人员，深有同感。现在品牌广告的客户很少投放，而效果类的广告也面临着结果不理想的问题，在这种情况下，您认为应该怎么破局呢？

答：其实我们可以对广告分类，一类是我们所说的品牌广告，就像广场上的大屏广告，地段很好，路过的人有些看到了，有些没看到，有的记住了，有的没记住，但是广告效果无法衡量；还有一类就是效果广告，广告主很精明，可能一开始通过点击量来看广告效果，可能过几天又觉得这样不行，得填写资料，虽说是通过有偿的方式，但是至少来说是有效的。品牌广告和效果广告，在移动广告中就像左腿和右腿的关系，相辅相成。另外，效果广告对于广告主来说，真的是迫切需要的，比如推广一个游戏，点击一次收五毛，但是广告主觉得不行，点击之后要浏览页面，浏览页面还不行，得下载，下载之后也不行，得激活。

所以，广告越来越不好做，因为广告主越来越精明。一步一步来，这叫效果广告。有的人就会问啊，效果广告是好还是不好啊，它对行业怎么样？它确实促进了行业的发展。于是广告主很开心，对用户来说也是满意的，因为你要让你的各种转换率变好，这样你才能创造效果，才能让广告主和用户同时取得收益，两方都在逼迫着你，这就意味着你的广告运营能力、广告的优化能力、广告的传播效力要提高，广告产品与用户之间的逻辑关系要处理好，这样你才能带来双方都满意的成果。怎样才能提高自己的运营能力呢，这就需要好的组织流程、高效的团队、专业的技能、过硬的技术和大量的数据，作为分析、挖掘和提高的基础。数据挖掘、数据仓库、机器学习，通过训练数据，形成了你自己的运营能力，这种能力是很关键的，你就会做得比别人好。什么是好呢？就是你的广告投放成本降低，广告产出效应提升。

刚才这位朋友说，效果广告越来越艰难，这确实是。在行业内，时效广告在不断考验我们从业人员。我们要让广告或者商品与用户之间的连接更紧密，让移动网络的效率提高，使他们之间匹配得更好。我们要如何在这个领域强化我们自身的能力，这也是我们应该努力的方向，坚定地走下去，想办法在自己身上取得突破。

B：您说过移动营销最核心的三个概念，一个是技术营销，一个是大数据营销，还有一个就是我比较感兴趣的精准营销。我在上市场营销课的时候，老师给我们讲过程序化购买的概念，所以我想请您具体地阐述一下精准营销这个概念以及它的意义和趋势。

答：我们要问一下自己，RGB 解决了什么问题，大家可能不知道这个概念。在媒体和用户或者商品和用户之间，我们要解决一件事情，就是广告的投放和传播之间的效应问题，怎么样让媒体和用户之间各取所需，怎样保证广告一部分推荐给男同学，一部分给女同学，于是我们把广告一分为二，这就需要用到 RGB，把广告介绍给对应的用户，这样在时间上比较高效，也比较精准。大数据记录了所有用户对网页的浏览记录、点击量等，把所有的数据集合在一起，通过对大数据的挖掘，就可以基本了解用户的需求，下次就知道要给用户推荐什么了。比如说我要怎么样捕捉你此刻睡觉的状态，推送给你感兴趣的东西呢，就需要通过大数据的处理。解决商品和用户的精准对接的问题，是广告的一个趋势。每一个新的内容，不管它是线上的还是线下的，它都是一个数据。我相信，在未来，O2O、线下媒体，要交给数以万计的服务器，这也是我对广告的理解。

C：在您说的新媒体阶段，经营成本是越来越高了，那您有没有什么办法扩大用户规模呢？

答：这是一个比较普遍的问题。广告就是一个经济的问题，如何运用有限的预算，降低成本，然后用户又快速增长，这是一个我们比较感兴趣的问题。第一，对于我们来说，商品和服务很重要的一点是，广告之外，商品要足够好，这是最根本的问题。第二，你要特别善于发现价格比较低的渠道，在移动互联网上面，你要了解广告的各种形式，比如说通过平台推广、网红推广等各种形式，你要了解哪种价格是最低的。第三，在渠道创新方面，要找到一个好的创新形式。在这个渠道还没有成为主流渠道但又可以变大之前，你要充分发掘出来，很多公司就是抓住了这样的机会崛起的。第四，可以通过口碑宣传，这样可以降低成本，还有一些方式是通过微信、公众号、支付宝等社交媒体进行推广，让大家帮忙转发。还有一句话叫作刷脸，蹭一下人际关系。对于跨界营销这种方式，我是非常看好的，包括引流互动，对用户获取都有很大的作用。第五，如果你想既量大而成本又低，有个好办法就是：多融点钱，狂砸一批，然后利用品牌的优势，把品牌的余量用户再吸引过来。这样拉低之后，成本也有可能会降低。

D：我作为主持人，也想向您提一个问题。咱们指点传媒现在能够为广告主提供哪些服务呢？

答：我们比较擅长推广手机游戏，在这一块，用户质量高，获取的成本比较低。我们在推广游戏的时候发现效果不错，采取了分层（CPS）模式，后来效果依旧很好，我们就开始做手机游戏的发行。我们在两个月之后，会随着热播剧的播送发布手游广告。

E：最后再问一个问题，精准营销需要哪些技术储备呢？

答：我虽不是技术人员，但是我知道一个很重要的原则，在今天，技术储备是要解决降低成本的问题，就是要降低广告成本。要降低成本，就需要很好的广告运营系统，就需要将很多素材进行优化。另外，围绕优化，在底层，我们就需要数据的处理能力，就是数据的架构，这是硬件方面，还有在软件方面的创新，同时在软件工具方面智能化，训练你所得到的数据，让它变得越来越精准。人工智能、机器学习，如果在座的各位感兴趣的话，可以试着和广告结合，它的前途非常好。还有一些技术是围绕用户的体验展开的，从一些微小之处着眼进行微创新，怎么样操作方便，怎么样让用户不反感，怎么让用户喜欢上你的广告，这是比较务实的问题。还有一些在新的领域的技术创新，比如AR、VR技术创新，AR视频、VR游戏，大家可以在这些方面进行技术储备，我相信这是技术的发展趋势。

主持人总结：新媒体这个行业的发展形势是非常好的，值得大家投入这个领域。在新媒体中，越来越多要求创新和以人为本，我相信在所有的创新中都是"用户为王"。我希望在座的各位，第一，能够敏锐地发现自己身边的变化，这里有什么机会，这里能不能媒体化、广告化；第二，基于数据的精准营销，特别是人工智能、机器学习，是新媒体未来的发展趋势，或者说是制胜的法宝，所以我希望你们能够在这个领域出现牛人；第三，我相信在未来，线上线下特别是线下，商业数据，还有一些商业技术，会推动新媒体的发展。

如何重新定义财经资讯阅读方式

许征宇[*]

9月2日是我们特殊的日子，我想把《财经早餐》一路走过来的经历、体验、心得，毫无保留地，也是第一次分享给大家。我分享的主题为"如何重新定义财经资讯阅读方式"。

一、《财经早餐》四大逻辑

新媒体可以有战略吗？做企业要有战略，做任何事情都要有战略。今天我要跟大家分享一下，《财经早餐》到底有没有自己的战略，是如何发展自己的战略的。《财经早餐》战略包括四大逻辑的思考。第一个问题是为什么要做这件事情，第二个是为谁做这个事情，第三个是我们到底做什么，第四个问题是怎么做。这四个问题看起来很简单，就是3W1H，第一是Why，第二是Who，第三是What，第四是How。

1. 第一个问题，为什么做

现在是信息爆炸的时代，这与时间的稀缺性产生了冲突。《财经早餐》就是为了解决这个冲突而诞生，我们认为这个机会是巨大的。

2. 第二个问题是为谁做

既然讲了是时间稀缺性的问题，那优先去满足哪一类人群呢？谁的时间成本最高？这无疑是关心财经领域的高精尖用户。

3. 第三个问题是做什么

很多人看《财经早餐》会联想到，为什么能让客户看你的财经资讯，你有什么独家的新闻吗？或者很多不关心财经的人士，把《财经早餐》简单地等同于炒股票或者卖基金。其实，很多看似与财经不相关的信息，背后可能都有经济学动因。对于一条新闻，别人报的你也报，那就没有独特的地方。我们就要去做延伸，在别人还没有开始关注的时候，把敏感点找出来，这样才会形成差异化。

4. 最后一个问题是怎么做

要服务一百万、两百万，甚至五百万、一千万用户，靠人工不太可能。在

---

* 许征宇，《财经早餐》暨"财经头条"创始人。

这一点上，我们采取技术来提高效率。要节约用户时间、提高效率，我们的工作效率也应该提升。

这就是我们对《财经早餐》四点基本认知。

《财经早餐》为何而生？我们的使命是"致力于提高一亿中产阶级阅读效率"。我们的定位是做用户智能、贴心、移动的财经小秘书。我把这句话挂在我们团队办公室的墙上，是希望公司的每一位员工，都能够对这句话有深刻的理解。虽然我们做的是很小很小的一件事，但如果我们的存在帮助了一百万、两百万，乃至之后的一千万、两千万用户，每天帮他们每人节约 5 分钟的时间，那这就是一件很了不起的事情！

刚才说到《财经早餐》或者是新媒体可以有战略吗？两年前我是这么讲的，两年后的今天我依然信心满满地对我的团队讲，我依然要用这句话来时刻检验自己的行为，我们是否提高了用户的阅读效率？我们做的工作是否向这个目标迈进了一步？

二、回顾《财经早餐》历史

1. 文字版《财经早餐》的诞生

2014 年 9 月 15 日，我们的第一个版本——文字版《财经早餐》诞生。当时我们对这款产品并没有一个很好的预判。于是在我们推出的时候，为了收集用户的想法，成立了第一个微信群——《财经早餐》俱乐部。最早有两三百人，把文字版《财经早餐》往群里一丢，前几天没有反应。我想大家可能还没有真实的需求。直到有一天早晨出了故障推晚了，群里就有三四个人讲，早饭都吃完了怎么还没有《财经早餐》？所以在那一刻，我们内心是非常幸福的，跟今天的幸福是一种感觉，因为被需要就是一种幸福。所以当我们的产品被用户所需要的时候，我知道我们不能因为自己的问题延误时间。所以从那一刻开始，我们就规定每天早晨 6 点半之前推出《财经早餐》，来配合大家的使用习惯。

2. 语音版《财经早餐》诞生

2015 年 4 月 26 日，语音版《财经早餐》诞生，这得益于用户需求的推动。因为有很多用户，在一些场景不能用手机，比如洗漱、吃早餐拿油条的时候、上下班开车的过程，这时如果需要财经资讯，但是不能看怎么办？所以在2015 年 4 月 26 日，我们推出了第一个语音版《财经早餐》。

语音版本提供给哪些应用场景？第一是洗漱，第二是蹲马桶。最早我们在内部推出了一个口号——我们的产品一定要抢占蹲马桶的时间。第三是我们吃早餐时，很多人把视频打开放在一边，开始吃饭、喝牛奶。第四个是上下班开车或者是挤地铁的时间，都可以实现对语音版的应用。

这里有个小故事分享一下，现在的语音版《财经早餐》实际上是"次品"。这句话怎么讲？开始是想给财经资讯加一个背景音乐，因为我们的录制人员不一定非常专业，所以就把背景音乐剪到后面，而这奇妙的效果就在那一瞬间产生了。大家知道财经信息是比较严肃的，某种程度上讲有点枯燥，有音乐的舒缓确实起到很好的作用，放到结尾的时候会产生神奇的化学效果。当时被定义为"次品"的产品推出后，迅速在市场得到传播。这让我们的信心大增，创新一定要边尝试，边跟用户去互动、探讨，一起定义产品形态，而不是闭门造车。

语音版配上解读的播放方式也是响应一些用户的需求，我们也非常荣幸请到央视著名的财经评论员周勇先生，每天为我们做财经点评。

财经和音乐如何能够更好地融合？我们还会陆续推出新品更好地演绎。

3. 实时财经快讯的推出

2015 年 10 月 20 日，我们推出了实时财经快讯，简称实时快讯。我们在生产简讯的过程中，有些用户希望及时推送，所以我们做了新品类的上线。我们研发了实时快讯的自动化生产流程和自动提示推送的机制来配合人工。实时快讯一经推出，就有几个大的门户、券商平台大力转载和引用。实时快讯在我们的 App 或者公众号的菜单里打开，会有独家情报的链接，每一条信息都在 50 字左右。为了让实时快讯能像早餐一样做得更有温度，我们给每一条快讯都做了一个自动语音播放方式。匹配哪些场景呢？比如说现在很多人都喜欢跑步，在跑步的时候戴个耳机就可以把当天遗漏的快讯用语音的方式全部听一遍。

4. 英语版《财经早餐》

英语版的《财经早餐》是之后推出的，已经积累了一万名的海外用户。这次我们去纽约，见到了我们纽约海外的用户，我问他为什么以这样的方式了解国内财经信息？他说中国经济在海外非常重要，但了解中国经济的信息渠道少，只能通过看西方的分析师写的报告。而这些西方的分析师们有很多人多年没有到过中国，从报纸上看到一些东西，就开始总结中国当下。这非常不利于他们做投资决策。在纽约，当我们的用户通过英文版《财经早餐》去了解财经资讯，我觉得我们英语版《财经早餐》的付出是值得的。"星星之火，可以燎原"，我们要燎到美国去了。

回顾《财经早餐》两年来走过的路，我们非常荣幸在 2015 年受邀参加广东省网信办组织的"粤创粤新"大型采风活动。在这里给大家分享一个观点：正确的提问比正确的回答更重要。到了佛山以后，觉得要替新媒体发声，来这个会议上要发挥一些价值。当时我说：市长您好，大家都知道卫浴跟小家电是佛山两大支柱产业。我有不少朋友出国旅游时，经常去日本买马桶盖和电饭锅，那什么时候能让日本人来佛山买马桶盖呢？在这个问题问完之后，佛山市长做了认真的笔记，思考了15秒，最后给了我一个非常好的回应，当场就安排相关的委办局配合我们的建议，拿出佛山市如何把马桶盖和电饭锅卖给日本人的方案，后面邀请我们做一些跟踪性的报道。

受此活动的启发，我当时就想，我们是不是可以在用户层面做一系列的对话或者沟通呢？把我们每一家企业的企业家精神，在《财经早餐》这个平台上得以放大？所以我们就规划了一系列名人早餐会节目，核心理念是什么？是希望每一位名人能够拿出一顿早餐的时间，做有价值的事情。当时经过精心的策划，规划了"名人早餐会"的三个步骤，第一是对话，第二是拍卖早餐的时间，第三是把拍卖的款项做社会公益。后面我们做了一系列的对话节目，比如对话格力集团董事长董明珠、知名媒体人秦朔、经济学家高连奎以及广誉远掌舵人郭家学。

之后，我们也非常荣幸去国家网信办参加第一届和第二届互联网金融信息服务大会，也了解了很多前沿的信息。中国的国际影响力与日俱增，但大家有没有想过在国际上到今天为止中国依然没有自己的金融话语权，这是非常沉重的事实。在国际上不是中国说了算的，很多时候是由彭博社、路透社掌握话语权。

为此，我特意去了纽约，去了解国际上最厉害的金融信息服务平台彭博社是怎么做的。彭博社有两栋楼，东楼是新闻部门，做影响力；西楼是数据部门。彭博有个规矩，东楼的部门不允许挣钱，只能花钱，而数据部门是用来挣钱的。他们说如果把新闻部门的预算减下去，数据终端市场的信任成本就会上升。这句话使我非常震撼。他们的逻辑是用新闻部门来做大影响力，用影响力来降低市场终端的商务谈判成本。

然后我看了彭博社成长的历史，为什么要创立彭博社？创始人彭博是交易员出身，开始是自己搜集财务报表、公司信息，每个人都在做重复的工作。所以经济不景气的时候，他被公司解雇了，于是出来专门为交易员整理信息，让他们有时间和精力来做决策。听了这段话我非常开心，原来彭博社诞生的根源是节约交易员的时间，而《财经早餐》的诞生是节约中国中产阶级的时间，这让我获得了更多的自信。财经新闻跟金融信息看起来是一样的，但实际上有本质的区别，财经新闻把事实做了呈现，金融信息是挖掘财经资讯背后的逻辑。为什么他可以让数据终端有这么强的收费能力和盈利能力？我想他是做了信息连接的工作。

之后，我做了一个重大决策，把编辑部的职称改为金融数据分析师。为什么？因为我们要从职称开始，给我们的团队建立一种认识，我们不是做简单新闻的搜索，而是做信息挖掘类的工作。要有这种意识，哪怕目前还是做简单的提炼和加工的工作，我们也希望有这样的认识去做好足够的信息连线。

2017 年年初有几个排行榜的榜单，一个是新榜的排行板，非常荣幸把我们排到了十大财经新媒体的前列。另一个是胡润新媒体排行榜，《财经早餐》位列其中，并作为三个重点案例之一被胡润中国专门研究。

三、《财经早餐》大数据

接下来是《财经早餐》和《财经头条》的大数据，比较有趣。《财经早餐》视频累计播放数，从 2015 年 4 月 26 日开始有八千万次，每次平均以 9 分钟计算，总的播放时间是 7.2 亿分钟。数据工程师告诉我，这相当于 1987 版《西游记》播放 57.6 万次。图文阅读累计 3.5 亿次，累计阅读文章是 150 万篇。

《财经早餐》男女读者比例是55：45，这样一看，女性用户对财经类的关注并没有显著低于男士，虽然有一些差距，但是跟很多说女性关注者偏低的数据分析不同。

四、展望《财经早餐》未来

《财经早餐》下一步怎么发展？从三个角度来讲，第一是内容创新，第二是技术创新，第三是形式创新。为什么都叫创新？因为我们是创新的受益者。用户因为我们的创新和差异化来关注，我们要不断地前行才能让用户持续地关注和支持。

1. 内容创新

说到底，内容不好，一切白谈。具体怎么做？分两到三个步骤。首先是品类创新，很多人说《财经早餐》能不能简单一点，很多人看不懂，希望我们能够推出泛财经人士的《财经早餐》，这个是向下延伸。其次向上延伸，我们已经做了尝试，就是通过细分人群做一些会员的独家服务，目前已经有一些高级会员在享受我们的服务。

还有哪些创新？除了我们现有的一些模块信息之外，我们还可以做信息连接的工作。让更多的经济学家的观点能够在我们的平台上进行呈现，能够有一个很好的连线。

2. 技术创新

即如何让信息进行自动化匹配。

3. 形式创新

包括多语言版本，除了英语版，未来会有其他语言版本的推出，看能不能跟电视做视频类早餐内容的呈现。

所以展望未来，空间是非常巨大的。四年前，有一位男同学在月球下面眺望地球，大家都知道他是微信的张小龙先生，我们今天才有机会站在巨人的肩膀之上眺望宇宙星辰。我们要抓住"致力于提高一亿中产阶级效率"的使命牢牢不放，为我们用户创造未来新的财经资讯阅读方式。我想一定有可能诞生一个国际级的中国金融信息服务平台。谢谢诸位！

后 记

在广东省广告协会原会长庞玉娟女士的推动下，2016 年广东省广告协会新媒体专业委员正式成立。当时庞玉娟女士和省广协秘书长李宁先生、副秘书长王刚女士与新媒体专业委员核心成员陈志波先生、朱海松先生、唐乃革先生常在一起商量要为广东新媒体的发展做点事情，经过思维碰撞，"岭南新媒体说"网络直播平台应运而生。"岭南新媒体说"采用当下流行的网络直播方式，将业界大咖和学界专家对新媒体发展的最新思考呈现给大家，旨在推动广东乃至中国新媒体特别是数字营销传播的发展。自 2016 年 9 月至 2017 年 1 月，"岭南新媒体说"共举办了 3 季 18 期，之后又陆续举办了 3 期。本书收集了前 3 季的演讲稿共 17 篇（有一期演讲因故未收集），涉及数字营销传播诸多前沿问题：从法律法规到伦理反思、从大数据营销到品牌智能、从业界变革到教育创新、从流量营销到移动营销和场景营销、从 AR 技术到人工智能，等等。

本书的出版凝聚了众多人的心血和汗水，感谢各位演讲嘉宾的精彩分享！特别是广东省工商局广告处原处长林阳同志对互联网广告法律法规作了权威、准确而细致的解读，然而他却于 2016 年 12 月 27 日在京开会期间突然辞世，英年早逝，令人唏嘘！本书的出版也是对他的纪念和缅怀。

感谢广东省广告协会两任会长庞玉娟女士和陈钿隆先生的鼓励和指导！感谢广东省广告协会秘书长李宁先生、副秘书长王刚女士以及新媒体专业委员核心成员的支持与帮助！感谢暨南大学广告系教授、本书执行主编阳翼老师认真收集和整理演讲稿，为本书的编辑做了大量的前期工作！感谢暨南大学新闻与传播学院对出版经费的资助！感谢暨南大学出版社徐义雄社长和张仲玲副社长等领导的大力支持！感谢责任编辑陆祖康先生精心细致的审阅和编辑！

唯同心协力、兢兢业业，才有精品。

杨先顺

2018 年 6 月 6 日于暨南园

图书在版编目（CIP）数据

岭南新媒体说：数字营销传播思想荟萃/杨先顺主编；阳翼执行主编 . —广州：暨南大学出版社，2018.7
（岭南广告学派丛书）
ISBN 978 - 7 - 5668 - 2426 - 4

Ⅰ.①岭…　Ⅱ.①杨…②阳…　Ⅲ.①网络营销　Ⅳ.①F713.365.2

中国版本图书馆 CIP 数据核字（2018）第 140513 号

岭南新媒体说：数字营销传播思想荟萃
LINGNAN XINMEITI SHUO：SHUZI YINGXIAO CHUANBO SIXIANG HUICUI
主　编：杨先顺　执行主编：阳　翼

出 版 人：徐义雄
策划编辑：张仲玲
责任编辑：陆祖康
责任校对：王燕丽　林　琼
责任印制：汤慧君　周一丹

出版发行：暨南大学出版社（510630）
电　　话：总编室（8620）85221601
　　　　　营销部（8620）85225284　85228291　85228292（邮购）
传　　真：（8620）85221583（办公室）　85223774（营销部）
网　　址：http：//www.jnupress.com
排　　版：广州市天河星辰文化发展部照排中心
印　　刷：广州家联印刷有限公司
开　　本：787mm×1092mm　1/16
印　　张：11.75
字　　数：182 千
版　　次：2018 年 7 月第 1 版
印　　次：2018 年 7 月第 1 次
定　　价：38.00 元

（暨大版图书如有印装质量问题，请与出版社总编室联系调换）